小学館文庫

一瞬に生きる

小久保裕紀

JN054697

小学館

一瞬に生きる

目次

自宅にて本書の原稿を執筆中の著者。

序章

名球会授与式

二〇一二年七月十四日、折しもこの日、九州地方は活発な梅雨前線の影響で、記録的な豪雨に見舞われました。十二日から降り続く雨で河川は増水し、ついに福岡県柳川市を流れる矢部川の堤防が決壊。川の水が市街地に流れこみ、被害が出ました。また、九州新幹線も博多～熊本間で運休。三連休の初日とあって、ダイヤの乱れにより駅で足止めを食った人も数多く出ました。

自宅のリビングで、その様子を伝えるニュース番組を見ながら、ある心配ごとが頭をよぎります。飛行機は無事に着陸できるのだろうか……。

じつは、そんな状況の九州に、私の母が和歌山から夕方の飛行機でやってくる予定だったのです。ひと月ほど前から、母の勤める会社の社員旅行で福岡に来るとは聞かされていました。そこで、当初は夜の九時くらいに福岡空港に到着する便だったのを、夕方までに福岡ドームに入れる便に変更してくれるよう、私からお願いしたのです。

この日の試合前、六月二十四日に通算二千本安打を達成し、名球会入りできた私のためのセレモニーが行われることになっていました。偶然にも母の九州旅行と重なったため、せっかくなので、福岡ソフトバンクホークスの会長・王貞治さんから名球会のブレザーを着せてもらう授与式を、母にも見てもらおうと思ったのです。

そんな息子からの願いが通じたのか、心配された雨の影響もなく、飛行機は無事に福岡空港に着陸。母も午後五時には福岡ドームに到着しました。

試合開始前の五時四十八分、授与式が始まりました。

王さんが濃紺の名球会のブレザーを大事そうに両手で持ち、私に近づいてきてくれます。時間にして二十秒くらいだったでしょうか。ただ、やけに長く感じ、その間にさまざまな思いが頭の中をよぎりました。

尊敬する王さんから名球会ブレザーを着せてもらえる日が来るなんて……。

本当に夢のような瞬間です。一九九四年にプロ入りしたとき、誰がこんな日を迎えることができると予想したでしょう。当然、私自身も夢にも思いませんでした。

王さんと固い握手を交わし、最後に記念撮影です。そのとき、スタンドで観戦予定だった母がグラウンドにいるのが目に入りました。母もいっしょに記念撮影できるよう、球団が配慮してくれたのです。

私のプロ野球生活で初めて、母が同じグラウンドに立ちました。控えめな母が目に涙を浮かべながら歩いてきます。そして私と王さんの間に立ち、写真に収まりました。自分で言うのも照れますが、最高の親孝行ができたと思います。

ところが、その母が歩いてくる姿を見たとき、私の心に予想外の感情が芽生えました。

「今年でユニフォームを脱いでもいいかな」

最高の親孝行にもなった授与式は、いくつもの偶然が重なった結果でもありました。一か月前から決まっていた母の旅行日程と、名球会のブレザー授与式が重なる。さらに、王さんのスケジュールが合わずに、一度は八月に入ってからになると聞かされていた授与式が、王さんが予定を変更してくださったことで七月十四日になる。この偶然が重なっていなければ、母に授与式を見てもらうことはなかったでしょう。そして、その母の姿を見ていなければ、ユニフォームを脱ぐ決断をしなかったかもしれません。この神様のご褒美が、私が引退するきっかけになったのです。

この日を境に徐々に気持ちは固まっていきました。もちろん、何度も自分の心と真正面から向き合いました。

「またやりたいと思うことはないか」

「十分やりきったのか」

「この先、爆発的な活躍をしたらどうする」

そう問いかける自分がいました。しかし、その都度「もう十分やりきった。悔いはない」という答えばかり、返ってきたのです。

引退表明

王さんにブレザーを着せていただいた日からちょうど一か月が経《た》っていました。八月十四日の午後、会長室を訪れ、私の気持ちを伝えました。

後に知ったのですが、王さんが現役を辞めるきっかけになった試合が一九八〇年八月十四日だったそうです。王監督としてのユニフォームを脱ぐきっかけになったのは二〇〇八年八月十四日。私が王さんに引退の決意を伝えたのが二〇一二年八月十四日。

ここまでそろうと、わざとその日を選んだと思われるかもしれません。しかし全くの偶然です。それどころか、もし先に知っていれば、その日は避けたと思います。こんな偶然があってもよいものかと、この話を聞いたときは、鳥肌が立ちました。王さんとの因縁を感じます。

私の座右の銘は、この本のタイトルでもある「一瞬に生きる」。栃木県さくら市喜連川《きつれがわ》にある「瞑想《めいそう》の森　内観《ないかん》研修所」からお借りした言葉です。二〇〇二年十二月に初めてこの内観研修所を訪れました。ここで一週間精神修行したわけですが、そのときに一番心に響いた言葉です。

現在、この瞬間に全身全霊、全神経を集中させて事に当たったか。その瞬間にすべてを出し切ることはできたのか。このことを常に自分自身に問いかけます。そういう生き方を積み重ねれば、たとえ、結果が悪いほうに出たとしても後悔はしないだろう。反省はしても悔いを残さないだろう、そういう生き方がしたい。そんな思いがこめられた言葉です。

私の人生のすべてといっても過言ではない野球は、その瞬間に結果が出る競技です。打てるときも打てないときも、どちらにしても、その瞬間に結果は明らかになります。大切なのは、その瞬間に全身全霊、全神経を集中させることができたかということです。

打席で迷いはなかったか。先に結果を考える自分はいなかったか。緊張のあまり、呼吸が浅くなっていなかったかなどと、後で振り返ります。そういったこともなく、すべて出し切ったといえる自分を積み重ねよう。

これは決して簡単なことではありません。だからこそ座右の銘にして、甘い自分自身に常に言い聞かせてきた言葉なのです。この言葉との出会いのおかげで、今の私があると思えます。もちろん、この先も一瞬に生きる自分でありたい、そう思っています。

私は、二〇一二年、十九年間にわたるプロ野球生活にピリオドを打ちました。このタイミングで私の半生を振り返り、これまで歩んできた道を、一度立ち止まって見つめ直す時間を持ちたいと思いました。

プロに入り、むさぼるように本を読んだ時期もありました。そして、救われた言葉、心に響いた言葉は手帳に記してきました。私はこれまでたくさんの本に救われてきたのです。それと同時に、本は成長の大きな手助けになりました。だからこそ、いつか自分で上梓《じょうし》し、読者の皆さんのお役に立ちたいと思うようになったのです。

この『一瞬に生きる』は、決して順風満帆《まんぱん》ではなかった私の人生を知ってもらうことにより、少しでも読者の皆さんの心が軽くなり、勇気の大切さを感じてもらえる内容にしたいという思いで書き上げました。人生はよいときばかりではありません。しかし、むしろ、逆境にこそ人生の醍醐味《だいごみ》があるとも考えられます。だからこそ、私自身に関することであれば、メディアには報じられなかったことや、自分では触れたくないことまで書きました。

過去の記憶を忠実に呼び起こしたつもりです。ただ、私は、野球部上がりの小僧です。上手《うま》い文章を書けるはずがありません。しかしチャレンジすることが何よりも大切であると言い続けてきた私にとって、この原稿の執筆が大きなチャレンジになったことは間違いありません。読みにくい点も多々あるとは思いますが、ご一読いただければ幸いです。

第1章

野球少年

いじめられっ子が
プロを目指すようになるまで

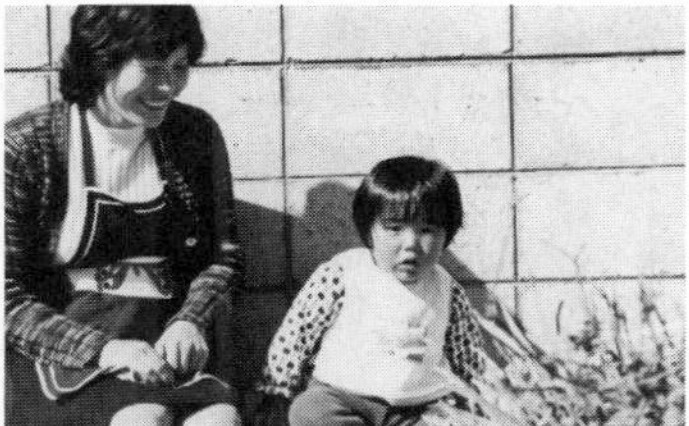

著者幼少のころ。母とふたりで。

両親の離婚

私は和歌山県和歌山市の北西に位置する加太《かだ》というところで生まれました。父の生家でもある実家で暮らしていたのは、両親とおじいちゃん、おばあちゃん、ひいおばあちゃん、それに私と、二歳違いの弟を加えた四世代七人。当時としてもなかなか珍しい、にぎやかな大家族でした。

加太は、海がきれいな街で、夏になるとたくさんの海水浴客でにぎわいます。私の生まれた家は、道路一本をはさんで海岸に降りることができたため、夏休みはほとんど毎日海水浴に出かけていました。夏が近くなると、海の家を建てる準備が始まります。その光景を庭先からながめ、早く海水浴シーズンにならないかと、わくわくしながらそのときを待っていたのを覚えています。

しかし、同じ海岸でも夏と冬では全く雰囲気が違います。冬の海はとてもさびしく感じました。海の家が撤去された後の海岸は、やけに広く感じ、人影もまばらになり、波音だけが大きく響いていました。

私はひいおばあちゃんには、ずいぶんかわいがってもらいました。寝るときもいっしょで、夏の暑い日は私が寝つくまでうちわで扇《あお》いでくれる、そんな優しいひいおばあちゃんです。

そのひいおばあちゃんと毎夕、いっしょに海岸を散歩するのが私の一番の楽しみでした。楽しいのは何といっても漂流物の収集です。スコップやバケツ、サッカーボール……。家で役に立ちそうな物は片っ端から拾い集め、持ち帰りました。また、いたずら大好きな幼稚園児だった私にとっては、役に立たない物も魅力的でした。死んでいるなまこや魚を持ち帰り、台所にそっと置いておく。怒られるのがわかっていながら、それを楽しんでいたようでもあります。家族にかまってほしかったのかもしれません。そのような漂流物は、波の高い冬の海のほうがよく打ち上げられていました。夏は海水浴、冬は漂流物拾い。幼稚園児のころの私の遊び場はもっぱら目の前にある海岸でした。

ところが、そんな楽しかった海岸での遊びも六歳になるころに突然、できなくなってしまいました。両親が離婚し、弟といっしょに母方の実家に引っ越すことになったのです。

ある日の午後、弟といっしょに車に乗せられ、母と三人で逃げるように家を出ました。車が出発する直前、助手席に乗っていた私は、運転席の母から「最後に今から出る合図にドアを叩《たた》いてきてくれる？」と頼まれました。だまって実家に戻ることは母にも引け目があったのでしょう。

私は、車を停《と》めていた家の前の通りから、玄関に向かって全速力で走りました。そして、力強く玄関のドアを「ドン！」とひと叩きし、すぐさま踵《きびす》を返します。もう無我夢中で、車に戻ってきたときには息が切れていました。この日のことは、玄関を叩いた手のしびれとともに、いまだに鮮明に記憶に残っています。

新しく住むことになった母の実家は、和歌山市の中心部にある、土佐町《とさまち》というところです。徳川御三家のひとつ、紀伊《きい》徳川家の居城として長い歴史を刻んできた和歌山城までは車で五分とかからない距離です。天守閣からは和歌山市内が一望できます。引っ越してからはよく上りました。母方の家族も大人数で、家族構成は、母、弟、おじいちゃん、おばあちゃん、ひいおじいちゃん、ひいおばあちゃん、そして私の七人家族。にぎやかだったので、父のいないさびしさは、それほど感じずに過ごせました。

ところが、年長の途中で編入した幼稚園では、なかなか新しい環境になじめませんでした。いじめにもあいました。園庭に出るときや運動するときに幼稚園の帽子をかぶることが決まりだったのですが、その赤い帽子が新しいために、以前から使っている子供たちより色が鮮やかで明らかに違い、仲間外れにされました。また、前の幼稚園のかばんをそのまま使っていたことでもからかわれました。

今でこそ、人と違うほうが格好よいとか、人が持っていないようなものをほしいと思ったりしますが、当時の私には、みんなと違うかばんはいじめられる原因でしかなかったので、切実な問題です。本当に幼稚園に行くのが嫌で嫌でたまりませんでした。

じつは、ひとりで幼稚園に行くのが嫌だったので、母に教室までついてきてもらったこともありました。ところが、その様子をいじめっ子たちに見られてしまい、それをネタにまたいじめられる始末。そんな辛《つら》い時期を過ごして、やっとの思いで卒園したのですが、苦難はまだまだ続きます。今度はそのいじめっ子たちとまた同じ小学校になることが判明。このときばかりは、まさにお先真っ暗の心境でした。

野球との出会い

小学校に入学したころ、そんな私を見ていた母が、少年野球クラブへの入部を勧めてくれました。父親不在の家庭で育つと、甘えた子供になるのではないかというのが理由だったようです。厳しい監督のもとで、強く、たくましい子供に育ってもらいたい。しっかりとあいさつができる子供になってほしい。どちらかと言えば野球が上手くなるのは二の次だったようです。

小学校一年生の五月に砂山少年野球クラブに入部しました。しかし、小久保家は大家族でしたが、誰ひとりとして野球というものに興味がなく、野球についてはど素人の集まりでした。そのため、初日の練習に行くにも何を着ていったらいいのか、何を用意すればいいのかわからず困ったのを覚えています。

ユニフォームの着方を覚えるのにもひと苦労。野球経験者の方ならご存じだと思いますが、ソックスの上にはくストッキングは、前と後ろで切れ込み（カット）の長さが違います。深くカットしてあるほうを後ろにしてはくのが正解なのですが、それを知ったのも一年後くらいという有様でした。正しいはき方を知るまでは気にしたことがなかったので、おそらく右足と左足で別々の向きにはいていた日もあったと思います。

もちろん野球用語も知りません。入部して間もなく、初めて試合に出る機会がやってきました。監督からは「代走に行け！」と指示されたのですが、その言葉の意味がわからない私は、ただおろおろするばかり。言われるままに、一塁ベースに向かいましたが、案の定、牽制球《けんせいきゅう》で簡単にアウトになってしまいます。ルールすら知らないのですから無理もありません。

そんな環境で野球を始めた少年が、まさかプロ野球選手を目指すことになろうとは夢にも思いませんでした。

しかし、好きで始めたわけではなかったので、入部して一か月足らずで辞めると言い出しました。監督が怖かったからです。当時の指導は厳しく、ときには引っぱたかれることもありました。私自身が入部してから叩かれたことはなかったのですが、先輩が叩かれるのを見て怖じ気《おけ》づいたのです。どこまでも弱虫です。

自宅の柱にしがみつきながら、「練習に行きたくない」と泣き叫びました。しかし、母はそんな私を無理やり柱から引きはがし、自転車の後部席に乗せて強引にグラウンドまで連れていきました。

じつはこのとき、母親に対して絶対口に出してはいけない暴言を吐きました。

「勝手に離婚して、こんなところに連れてきやがって！　やりたくもない野球をやらせるなら、お父さんのいる加太に戻る！」

六歳の子供ながら、こんな暴言を吐けば母を傷つけることはわかっていました。一瞬、母親がひるんだのを覚えています。

しかし、次の瞬間、母は、

「男が一度やると決めたことは最後までやり通しなさい！」

と鬼の形相で一喝。私はその迫力に、泣き叫ぶことでしか抵抗できませんでした。

後にも先にも野球を辞めたいと言ったことと、思ったことはこの一度きりなのですが、もしこのとき、母が、「ここまで嫌がるならほかのことでもやらせようかな」と思っていたら今の自分はありません。考えただけで、ぞっとします。よくぞあの日、野球との縁をつなぎとめてくれたと心から感謝しています。母の意志の強さのおかげです。そのとき、母に暴言を吐いてしまったことは、今思い出しても心が痛みます。父がいないからといって、甘やかしてはいけない。母にしても勝負だったと思います。私が六歳だった当時、母は三十一歳。今の私よりかなり若いことになります。私が三十一歳のとき、息子に同じように接することができていたか自信がありません。偉大な母です。

さて、入部当初にはこんな事件を起こしたほど練習に行くのを嫌がっていた私ですが、二か月経ち、半年経ち、一年経った小学校二年生のときには「将来プロ野球選手になるのが夢です」という少年に変わったのでした。早い話が野球を好きになったということです。

もともと運動神経もよかったみたいで、かけっこも速く、ボールを投げても同級生より遠くに投げることができました。身長も高いほうで後ろから二、三番目だったと思います。チームメイト全員でピッチングの練習をすることがあったのですが、私が一番ストライクを多く投げることができ、監督にほめられたこともありました。

「僕もやればできるんだ」

野球に対してどんどん自信がついてきた時期でした。

芯が強かった母

ここで再び、先に登場した母について触れたいと思います。

ある時期のチームの監督は厳しい方で、親が見ていようが見ていまいが、子供が悪いプレーをしたら構わずにしかりつけました。ときには愛情たっぷりの平手打ちが飛んでくることも珍しくありません。私も例外ではなく、よく怒られました。

そんなある日のこと、珍しく母が練習を見学に来ていました。その前でミスをした私は監督に殴られ、そのことに腹を立て、落ちていた帽子を蹴り上げてしまいます。

監督は「その態度は何事かっ！」と激怒。再び殴られました。

その一部始終を見ていた母は、練習終了後、私に何も言わず先に帰ってしまいます。そのことに無性に腹が立った私は、帰宅早々母に向かって詰め寄りました。

「自分の息子があんなに殴られて、何とも思わないの？」

すると洗い物をしていた母は手を止め、

「悔しいに決まってる。ただ、お母さんには野球はわからない。監督さんに、チームにあなたを預けた限り、口出しはしないよ！」

はっきりした口調の迫力に、私はそれ以上反論できませんでした。

嫌がる息子を無理やり、練習に連れていく。目の前で息子が殴られても毅然《きぜん》とした態度を貫く。ここまで読んでくると、私の母を相当な肝っ玉母さんだとイメージされる方も多いでしょう。しかし、普段はどちらかといえば物静かで、見た目も優しそうで温和な雰囲気の女性です。ただ、このエピソードからもわかるように、とにかく芯が強い人でもあります。

また負けず嫌いな面もありました。これは後で聞いた話ですが、私と弟に「一人親だから」という思いを絶対にさせないと決めていたそうです。例えば、野球道具から始まり、一世を風靡《ふうび》したファミリー・コンピュータ、音楽を聴くコンポ、パソコンなどほしいものはすべて買ってくれました。「一人親だからほしいものを買ってやれない」と思われたくなかったようです。

監督が私を殴って指導することに対しては、もちろん、監督と母の間に強固な信頼関係があったうえでのことです。しかし、いくら躾《しつけ》のためとはいえ、目の前で息子が殴られることが悔しくないはずはありません。その母のぶれない部分は私の心に強く印象づけられました。

この母の姿から私は、同じ殴る行為にも、愛のムチと暴力の違いがあることを知りました。監督に対する反抗はこのときが最後で、この後、指導者の方に逆らったことはありません。

監督からの手紙

この私の心境の変化を紹介するため、ここで私の野球人生で初めて監督からいただいた手紙を披露します。

小学校三年生のとき、監督からもらったものです。

『裕紀君

おたんじょう日おめでとう！　そして、運動会の一等おめでとう。見せてもらっていましたよ。

野球クラブにはいって、いつも私のいうことをよくまもり、元気いっぱい、がんばってくれる裕紀君がだいすきです。

どんなくるしい、きびしいれん習にも、まけずそれをのりきっていってくれる、たくましい君のすがたを見ていると、いつのまにか私のしんどいのがわすれてしまうくらいです。今まで、たくさんのせんしゅをそだててきましたが、君のような、すばらしいせんしゅははじめてです。私も、いつまでも君といっしょに野球をやっていきたいきもちでいっぱいです。

でも、じぶんのちからにゆだんをしてはなりません。チームのみんなが、じょうずになってきています。だから、今がんばっているきもちをわすれず、まだまだいっしょうけんめいにがんばろうね。そして、君には野球のすきなおじいちゃん、おばあちゃん、君をいつもしんぱいでじっと目になみだをためてみまもってくれるお母さん、君はほんとにしあわせだよ。この家のひとびとのきたいにそうよう、これからもどんなきびしいれん習にもうちかっていってください。かんとくにもまけない、たくましい少年にそだっていってください。また、いつもきちんとまとまりのよい日記をかいてくれてありがとう。君の日記をよむのがたのしみです。みんなのまえでいえないこと、ききたいこと、そうだんしたいことなど、また日記にかいてくださいね。

いつも砂山公園でおじいちゃんとキャッチボールしてくれていることをしり、うれしくてなみだがでました。これからもかんとくの見えないところでのれん習にもがんばってください。君のそんなきもちがすきなんです。はをくいしばって、むねをはってがんばろうね。

きっと学校のせいせきもよい裕紀だとおもってます。

これからもくるしいことがたくさんあるとおもいますが、くるしいとき、かなしくなったとき、このてがみをよんでください。くるしい、かなしいあとにはかならず良いこと、うれしいことがあるんです。裕紀、雨のふったあとはよい天気になるだろう、それだよ。しかし晴れのあとは雨になるから、じぶんのちょうしのよいときこそ、ゆだんせずがんばることだよ。

いつまでも私といっしょに野球はできません。いつかは、かなしいわかれの日がくるんですが、君をわすれません。かんとくがおじいちゃんにならないうちに甲子園にいってくれよ。君ならぜったいいけるよ。

また秋の大会です。こんどは、砂山のほし、砂山のエースです。せばんごうも一ばんです。せなかの一ばんにまけないようがんばってください。

元気な裕紀、いつまでもがんばれ裕紀!!　かんとくもまけないぞ。たか也《や》君も、げんきでがんばれ!!　かんとくより

昭和五十四年十月六日　笹井《ささい》』

いかがですか?　何度読んでも胸が熱くなります。愛されているのが伝わるからです。

この手紙でもわかるように、当時の監督は親と同じくらいの愛情を持って、私たちに接してくれました。そして何より預かった子供の成長を本気で望んでいたのがわか

ります。

そんな監督から躾のために少しくらい殴られても、だんだん愛のムチとして受けとめられるようになりました。信頼関係が築かれたのです。この手紙や日記のやりとりなどは、私だけではなく預かった子供全員に対して行われていました。素晴らしい監督です。

現役時代、シーズンオフになると、全国のいろいろな場所で野球教室を開催していました。多くのチームを見てきましたが、最初のあいさつでだいたいどんなチームかわかります。

あいさつのできるチームはしっかり躾《しつ》けられていて、動きもきびきびしています。言葉遣いがていねいで、はっきりとした元気のよい返事が返ってきます。

野球を始めた少年少女が、全員プロ野球選手になれるわけではありません。しかし、野球を始めた少年少女全員が、野球を通じ、学べることは多いはずです。せっかく始めた野球なら心身ともに鍛え、礼儀から言葉遣いに至るまでしっかり躾けられたほうがよいに決まっています。

しかし現在では、少し厳しく指導すると、すぐに親が口出しすることも珍しくないようです。監督が親の顔色をうかがいながら指導しなければならない。残念なことです。

私自身、あのころに厳しい指導があったおかげで今があります。もっと言えば、母の我慢強さ、信念のおかげで野球を続けることができました。感謝しています。

こうして野球を通してさまざまなことを学んだ私は、野球のおかげで性格面でも積極性が出てきました。

じつは、小学校一年生の終わりのころ、例のいじめっ子たちのひとりとけんかしたことがあります。いじめられ、何も言い返せなかったころを考えれば立派な成長です。野球を始めたことで体力や運動能力に少し自信が持てたのかもしれません。ちょうどクラスメイトが見ている前でした。こづかれたとか、何かちょっかいを出されたのだと思います。勇気を出してパンチを浴びせました。相手の鼻から頬にかけて見事に命中です。その子はそのまま吹っ飛び、あげく泣き出したのです。

「あれ、勝ってしまった」

それが正直な感想です。それ以来、私をいじめる子がいなくなったのは言うまでもありません。

何でもそうだと思うのですが、最初の一歩を踏み出すには勇気が必要です。気合いも必要です。私も初めてのけんかは怖くてたまりませんでした。しかし、腹を決め行動に移したことでいじめから解放されました。

それからはいわゆるガキ大将でしたが、弱い者いじめをしたこともなければ、売られたけんか以外こちらから仕掛けたこともありません。

野球漬けの日々

野球のおもしろさに目覚めた私は、ますます野球にはまっていきます。小学校低学年のころ、学校がある期間の野球の練習は、水曜日、土曜日、日曜日の週三回が基本でした。日曜日になると試合が組まれていることもあります。

周りにいるほとんどのチームメイトは、練習日以外は遊んだり、習いごとをしたりしていましたが、私を含めた仲よし三人組は放課後、そのうちのひとりの子の家に夕方四時に集合。そのまま彼のお父さんの車に乗せられて、片男波《かたおなみ》公園(万葉集にも歌われる和歌公園の中にあります)に移動して砂浜をランニング。その後、桜の名所として有名な紀三井寺《きみいでら》の階段の上り降りを三往復します。

このくらいでは終わりません。彼の家にはそのお父さんが自分でつくったティーバッティング用のケージがあります。ティーバッティングとは打者の斜め前からトスを上げてもらい、それを正面に向かって打ち返すという練習方法です。ランニングから帰ってくるとケージに直行して、ティーバッティングを百球です。

最後は手首と前腕のトレーニング。柱の上に滑車がついていてロープがわたされています。ロープの両端には、重りとバットのグリップの部分だけ切ったものをくっつけてあります。そのバットのグリップを両手で持って下に引っぱり腕の筋肉を鍛えます。重りが地面から滑車に向かって上がり、またそれをゆっくり下ろしていきます。三往復もすれば腕がパンパンになります。

だいたい彼の家を出るのが夜の八時前だったと思います。帰宅後、晩ご飯を食べ、すぐに宿題に取りかかるという、小学校低学年にしてはなかなかのハードスケジュールでした。成績のほうはクラスでは中の上くらい。小学校二年生から算盤《そろばん》を習っていたこともあり算数が好きでした。ちなみに結局五年生まで続けた算盤は準一級までいきました。

このころ、すでに野球が大好きになっていたので、「勉強もしないと野球をさせない」と言う母の言葉に素直に従いました。辞めると泣き叫んでいたのが嘘《うそ》のような、立派な野球少年ができあがりました。

母はそのあたりの私の変化を巧みに感じ取り、野球を中心とした教育に変えていきました。つまり、少し言葉は悪いかもしれませんが、野球をエサにして、私のやる気を出させ、躾もしていったのです。

そのころ、夕方だけではなく、朝も近くの砂山公園でランニングしてから登校しています。公園を五周してから、三十メートルダッシュを十本です。ところが、朝が苦手な私は、自分の決めた日課にもかかわらず、布団から出られない日がたびたびありました。三日くらい連続でサボったあたりのことです。

「あんた、プロになりたいんやろ？　自分で決めたこともできない人間が、プロ野球選手になんて、とてもなられへんと思うなあ」と、母がつぶやきます。

このとき、「ランニングに行きなさい」と命令口調で言われたら、反発したかもしれません。つぶやくように言われたことで、「そうやな、こんな甘い自分ではプロになんて行けない」と素直に聞き入れ、また次の日から早起きするようになりました。「プロ野球選手になりたかったら、周りと同じことをしていたらだめなんだ！」と思い、練習日以外も前述のトレーニングに励むようになったのはこのくらいの時期からでした。

周りにプロ野球選手になった人がいなかったにもかかわらず、そのようなアドバイスをもらえたのは幸運だったと思います。「プロ野球選手になっていない人から言われてもなあ」なんて、ひねくれた考えを持ったガキじゃなくてよかった。そう思います。

私の入った砂山少年野球クラブは、総勢百人を超す和歌山市内でもトップクラスの部員数でした。同じ学年だけでも、三十人近くいたと思います。ひとつのチームにしては人数が多すぎるということで、高学年になった小学校四年生からは二チームにわかれることになりました。四月から九月生まれはC1、十月から三月生まれはC2という編成です。私は十月生まれのためC2に入りました。

それまで仲よしだった友だちも、チームが変わったため、ライバルとして強く意識するようになりました。ほかの学校のチームより、C1だけには負けたくないという強い思いが生まれました。

そのC2で人生初のキャプテンに指名されました。もともと、人の後をついていくタイプではなかったので、ごく自然に先頭に立って声を出していました。

そして、キャプテンになって初めての大会で決勝に勝ち進みました。和歌山市には一年間で大きな大会が四つあります。その中のひとつである、「和歌山市スポーツ少年団軟式野球大会」です。その決勝戦の相手がなんと同じ野球クラブのC1です。このときは異常なくらいのライバル心をむき出しにして試合に臨みました。

チームがふたつにわかれるまでは仲がよかった、C1のキャプテン・村上君とは、その前日、学校で会っても口も利きませんでした。

私は先発登板しましたが、調子もよく凡打の山を築いていきます。結果、一対〇の完封勝ちです。このとき初めて、勝負に勝った喜びやうれしさを知りました。また初メダルめての優勝ということもあり、表彰式でキャプテンとして優勝旗を受け取り、メダル授与、記念撮影と続き、何か誇らしい自分がいたのを覚えています。

この優勝体験のおかげで、その後の練習に取り組むチームメイトの意識が変わりました。厳しい練習にも弱音を吐かなくなったのです。またあの喜びを味わいたい、またメダルがほしい。そう思わせてくれたのが優勝という体験です。人間にとって成功体験というのは大切です。同じ苦しみでも成功体験があると、最後のひと踏ん張りにつながり、乗り越えられてしまうからです。

小学校五年生のとき、私はそれまでのキャプテンではなく、副キャプテンを務めました。新キャプテンを決めるにあたって、監督から推薦するなら誰がよいかと聞かれたので、友だちの名前を挙げました。もちろん「自分がやります」と言えばそのまま私がキャプテンを継続することになっていたのですが、何となく友だちを推薦したのでした。

日が経つにつれ、物足りなさを感じ、口出ししたいのを我慢する日々が続きました。新キャプテンはどちらかといえば大人しいタイプです。あまり、俺についてこいという感じではありません。しかし、キャプテンを差し置いて私が先頭で声を出すわけにいかず、悶々《もんもん》としていました。

祖父は時間が許す限り練習を見に来てくれていたので、私のその物足りなさそうな雰囲気がわかったのでしょう。

「自分がキャプテンをやっておけばよかったと後悔しても遅い。後悔する前に、もっと考えて答えを出さないといけなかったね」と言われました。

六年生では再びキャプテンに就任することになりました。

野球ファミリー

ここで私の祖父について触れたいと思います。前述したように、私の家族は全く野球と縁のない人の集まりでした。祖父もそれまで野球をしたことがないにもかかわらず、よくキャッチボールの相手をしてくれました。小学校四年生からはピッチャーになったので、毎朝ランニング後は祖父を相手にピッチング練習も行いました。

私の身体《からだ》の成長とともに、だんだん投げるボールのスピードも速くなっていきます。そのため、ある日の投球練習中に、祖父がボールを取り損ね、直接目に当ててしまう事故がありました。左目は真っ赤に腫れ、白目の部分も内出血を起こしています。その祖父の痛々しい姿を見て、失明するのではないかと心配しました。

次の日もいつも通りに早起きして、砂山公園をランニングしました。目にけがをした祖父がいないので、キャッチボールの相手はいません。ひとりで壁当てをしていたときです、祖父がキャッチャーマスクをした姿で現れました。まだ左目は真っ赤に腫れ上がったままです。

私は「しばらく壁当てで我慢するから、治った後でまたキャッチャーしてよ」と伝えましたが、祖父は「キャッチャーマスクがあるから大丈夫だ」と言い張ります。結局その日もピッチング練習につき合ってくれたのでした。母の根性、芯の強さはひょっとしたら祖父譲りだったのかもしれません。

祖父はブロックを使って家の塀をつくる仕事をしていました。小学校低学年のころは、よく現場についていって手伝いもしました。私の役目はもっぱら、セメントをかき回す係。白い粉状のセメントの素に水を入れ、かき回すとだんだん固まってきます。それを使ってブロックをどんどん積み重ねていくのです。一寸の狂いもない、垂直で美しい壁ができあがっていくのを見ながら、「おじいちゃん、格好いい」と思ったものです。

月に一度、祖父が勤める会社の社長の家に給料を受け取りに行くのですが、茶封筒を大切にしまう祖父の姿は脳裏に焼きついています。今はほとんど銀行振り込みのため、働いたぶんの報酬を受け取るシーンを目撃することはなくなりましたが、子供心に祖父が祖母に茶封筒を渡す姿に見惚《みと》れました。

祖父の趣味は物を分解し、それをまた組み立てることです。よくテレビを分解していたのを覚えています。小さな町工場のように、家にはネジやナットなどの部品がたくさんありました。

何でも自分でつくってしまう祖父は、ついに庭を大改造し、いつも放課後に通っていた友だちの家にあったようなティーバッティング用のケージをつくってしまいます。柱を立て、ネットを張りめぐらせ、雨でも練習ができるように屋根までつけてくれました。

祖父がつくってくれたものの中で、最高傑作は、何といってもピッチングマシーンでしょう。ティーバッティングだと相手がいないと練習できません。だから、ひとりでも練習できるようにと、どこからかスクーターのタイヤを持ってきて、モーターも準備して試行錯誤をしながらつくってくれました。

しかし、やっとの思いで完成したピッチングマシーンでしたが、スピードを調節できないという欠点がありました。家の庭ではピッチングマシーンと打席の距離を十分に取れなかったため、小学生にはとても速すぎて打つことができませんでした。ただ、スピード調節できなかったとはいえ、ひとりでピッチングマシーンをつくってしまう祖父は尊敬に値します。

野球とは縁のなかった家族も、ここまでくれば立派な野球一家です。こんな愛情たっぷりの環境の中で、野球に打ちこむことができた私は幸せでした。

小学校低学年までは、多くの家庭がそうであるように、年に一度は家族旅行に出かけていました。ただ、高学年になってからは家族旅行より野球の練習を優先させました。監督の「旅行に行っているようでは、プロには行けない」という言葉があったからです。旅行くらいよいだろうと思う読者の方もいるはずです。たしかに旅行に行ったからプロ野球選手になれないということはありません。ただ、そのくらいの覚悟がないと夢はかなわないのも事実です。

余談になりますが、家族みんなで一番最後に行った旅行先は富士山です。小学校三年生の夏でした。和歌山から夜中に車で出発。祖父と母が交互に運転し、私と弟は後部座席でわいわいとやっていました。

当然、富士山頂上を目指し、山小屋で一泊して御来光を拝む予定でいました。しかし、不運にも季節外れの台風が富士山周辺を直撃。車で五合目まではたどりつきましたが、ものすごい強風で登山を断念しました。あまりの悔しさで二、三時間泣いたのを覚えています。

そこで急遽《きゅうきょ》、予定を富士五湖巡りに変更。途中、遊園地の富士急ハイランドにも行きました。普段は絶対させてもらえなかった、アーケードゲームもさせてくれました。母なりに、富士登山ができず落ちこんでいた息子たちを不憫《ふびん》に思ったのかもしれません。かなりの金額をゲームに費やしたはずです。母の優しさを感じたできごとでした。

嫌がる母を無理やり、ジェットコースターに誘いました。渋々つき合ってくれた母でしたが、よっぽど怖かったのか、洋服の袖をずっとかんでいたらしく、袖が口紅で真っ赤に染まっていました。あの強い母もジェットコースターには勝てなかったようです。

余談ついでにバレンタインデーの珍事件について触れておきます。私が初めてバレンタインデーにチョコレートをもらったのは、小学校二年生のときでした。ただ、当時の私は、バレンタインデーという言葉さえ知りません。

放課後、帰宅してしばらくすると、家の呼び鈴が鳴りました。出ていくと、同じクラスの女の子がふたり立っていました。

「小久保君、これ、どうぞ」

「これ、なんなの？」

「チョコレートだよ」

「チョコレート？　えっ、何で僕にくれるの？　お母さんに聞かないともらえないよ」

そう言って、その日は帰ってもらいました。

その日の夜、食卓を囲んでいるときに家族にその話をしました。すると母が大きな声で笑い出し、

「ごめんね、教えてなかったね。今日はバレンタインデーといって、女の子からお気に入りの男の子にチョコレートを渡す日なのよ」

と教えられました。

何だか帰してしまった女の子が気の毒に思えてなりませんでした。次の日、顔を合わせるのも恥ずかしかったのですが、事情を説明して謝りました。その日の放課後に再び訪問してもらい、受け取りました。淡い思い出です。

猛練習の中学時代

話を戻しましょう。

エースで四番、そしてキャプテン。小学校六年生の私です。プロ野球の世界に入ってくる選手はだいたい子供のころは、エースで四番、キャプテンだったと聞きます。

私も例外ではなかったということでしょうか。

自分ではどのくらいのレベルの選手かわかるはずがありません。ただひたすらプロ野球選手になりたいという思いで、周りの子供たちより練習に明け暮れたのは事実です。前述した、朝のランニングに放課後の友だちとの練習。このほかにも、お風呂の時間も無駄にはしません。湯船につかりながら手を握ったり開いたりを繰り返し、握力を鍛えます。腕立て伏せと腹筋をしてから寝床につきました。

小学校四年生の最初の大会で優勝してから、結局卒部する六年生まで優勝することはできませんでした。しかし、最初の成功体験のおかげで、常にもう一度あの喜びを味わいたいという思いで最後までがんばることができました。

和歌山市内に年間四つの大きな大会があるのは先に述べた通りです。二〇〇五年から、それぞれの大会で優勝した四チーム（同一校の場合は準優勝チーム）で、その年の和歌山市のチャンピオンチームを決める大会を始めました。それが、「小久保裕紀杯」です。

毎年、原則として十一月の最終日曜日か十二月の最初の日曜日に開催され、私もその時期には帰省し、子供たちの熱い戦いを見学しています。これまでの大会では、私はホークスのユニフォームを着て試合前のシートノックをしました。また、始球式で一打席限定で真剣勝負をしたこともあります。このときは先攻、後攻両方の先発投手と対戦しました。プロの選手を打ち取ろうと、子供たちの目はギラギラしています。プロの力を見せつけるつもりが、見事に打ち取られてしまいました……。

六年生にとっては最後の大会になるということもあり、仲間との最後の時間を大切にする姿が見られて心を打たれます。準決勝で敗退したチームの子供たちの涙に思わずもらい泣きしそうになります。今ではすっかり定着し、小久保裕紀杯に出場することが目標になっているようです。うれしいことです。これからもこの大会は続けていきたいと考えています。

小久保裕紀杯でどんなドラマが起こるのか、毎年楽しみです。


小学校六年生の冬に砂山少年野球クラブを卒部した私はひとつの選択を迫られました。中学から硬式球を握るか、軟式球のまま続けるか……。つまり、硬式球でプレーするボーイズリーグやヤングリーグ、シニアリーグなどのチームに入るか、軟式球を使う中学校の野球部に入部するかを決めなければなりませんでした。周りの大人に相談しても、意見はさまざまです。

「中学生から硬式を握ると、まだ身体ができていないので、肩、肘を故障する」

「いやいや、プロ野球選手になりたいのなら、少しでも早く硬式に慣れるべきだ」

大いに悩みましたが、結局、「プロ野球選手になりたいのなら、硬式に慣れるべき」という意見に従い、硬式球を使うボーイズリーグに進むことに決めました。

六年生の十二月に砂山少年野球クラブを卒部した私は、中学一年生になる四月までの時間がもったいないと思い、ボーイズリーグの小学部に入部。その小学部は最後の大会が二月にあるということだったので、新しいチームで二か月過ごすことになりました。

練習初日のことです。野球人生で初めて硬式球を握りました。硬式球の大きさと重さに戸惑いながらも、必死に練習についていきました。バッティング練習のときの手に感じる衝撃は半端ではありません。寒い時期ということもあり、少しでも芯を外すと、とてつもない痛みが襲ってきます。守備練習のときでも、当たったら痛いのは容易に想像できます。どうしてもへっぴり腰になってしまいます。これは同じ野球ではない、別物だと感じたのを覚えています。

そのボーイズリーグのチームは中学部がなかったのですが、私たちの代から新しく創設されるということで、そのチームを選びました。そういうわけで、いきなり先輩がいない、新一年生だけのチームでスタートしたのです。チーム名は和歌山キングタイガース（現・和歌山ボーイズ／キングタイガース）です。

和歌山キングタイガース

このキングタイガースの監督が、プロ野球選手・小久保裕紀の野球技術の基礎を築いてくれた方です。非常に厳しいというより、とてつもなく怖い人でした。目がすわってぎょろっとしていて、身体も大きく、怒鳴り声はよく通ります。十八人の部員でスタートしたのですが、中学三年の卒部時には同級生はたったのふたり。残りは全員辞めました。この事実だけでも、どれだけ厳しかったか想像できると思います。

ここでもいきなりキャプテンに任命されたわけですが、この中学三年間はたくさんの学びがありました。

先輩がいないということは、手本がいない。歴史がないということは伝統がない。私が中心になってすべて手探りで一からつくっていかなければならないという状況でした。

例えば、準備体操のメニューにしても私が考え、皆でそろってランニングするときのかけ声なども統一していかなければなりません。あまりにも練習が厳しく、次から次に辞めていくチームメイトを横目で見ながら、必死に練習しました。人数が減り、試合すらできない状況に追いこまれると、辞めたいという同級生の家まで行って、引き留め工作も行いました。

それでも人数が足りないときは、学校で野球経験者を探し回り、試合のある日曜日に、二時間だけ来てもらえるように交渉したりと、野球以外のことも人数集めのためなら何でもやりました。

そのころは、「何でここまでやらないといけないのか」と思ったこともありましたが、今から振り返ると、とてもよい経験ができていたんだということがわかります。全体を見渡すことができるようになったことや、責任感が強くなったことなども、このころの経験のおかげです。

そんな努力も実らず、とうとう中学二年生の一年間は部員が五人という状態でした。当然試合も一年間できませんでした。どんなに練習がきつくても辞めたいと思ったことはありませんが、練習でつちかった技術を発揮できる試合という舞台がなかったことは辛かったです。

部員五人に監督とコーチがひとりずつ。監督が厳しいぶん、コーチは優しいタイプだろうと想像する方がいるかもしれませんが、このコーチが、監督の厳しさに輪をかけたような鬼軍曹。下半身を鍛えるサーキットトレーニングのメニューの中にスクワットジャンプがあります。両膝をそろえてかがんだ状態からジャンプを繰り返すのですが、跳べなくなるまでさせられます。回数ではなく限界までです。

ほとんどマンツーマンに近い状態です。サボりたくてもサボれません。トイレもグラウンドからよく見える場所に一か所だけ。隠れて水を飲みたくても丸見えです。よく耐えたと思います。

野球は「間《ま》」のあるスポーツです。攻撃と守備の時間ははっきりわかれています。そのため練習でも実戦練習となると、体力的にはそんなにきつくありません。しかし、部員五人では実戦練習はほとんどできません。毎日が体力強化に個人練習です。このときの代表的な練習メニューをご紹介します。

まずは「タイヤ押し」。

「タイヤ引き」は耳にしたことがあるかもしれませんが、「タイヤ押し」はあまり聞いたことがないと思います。「タイヤ押し」とは横にしたタイヤを四つんばいになりながら雑巾がけのように押していくものです。目的は、下半身を鍛えること。グラウンドのホームベースからライトフェンスまでなので片道八十メートルくらいあったでしょうか。往復百六十メートルを五本。雑草だらけのグラウンドが夏休みの一か月できれいに土だけになりました。雑草が根元から抜けていきました。

次に「へび」です。

このトレーニングは、腕立て伏せの姿勢から腕の力だけで前に進みます。つま先だけが地面についたままになるのですが、ちょうどへびのように、くねくねしたラインがグラウンドに残ります。これは上半身を鍛えることが目的です。一回のノルマは片道三十メートル、往復十本。靴の先がすぐにだめになるので、スパイクの両足に投手がつけるP革（靴先が破れるのを防ぐための分厚い革のこと）をつけたりしました。

その次は「鉄砲」です。

やり方は、まず足を前後に開きます。ちょうど、投手が投げるときに足を前に踏み出したような形です。両手を頭の後ろで組みます。そのまま低い姿勢を維持した状態ですり足で前に進みます。足を交互にゆっくり踏み出すのがポイントです。これもホームベースからライトフェンスまでを三往復。この目的は下半身を鍛えることです。ちなみに、なぜ、「鉄砲」と呼ぶのかはよくわかりません。

もう、毎日が筋肉痛で自宅の階段の上り降りもままならない状態です。寝る前には「明日は同じメニューは無理かな」なんて思って寝るのですが、朝起きればしっかり回復していました。中学生の回復力は素晴らしい。毎日毎日、このような基礎トレーニングの連続です。最後はベースランニング十周か五キロメートルタイム走です。この中学二年生のときの練習が、その後の野球人生を含めて、人生で一番きつく感じた内容だったと思います。

しかし、この時代があったおかげで、少々の練習では音を上げることはありませんでした。それどころか、中学二年生の自分がその後の野球人生において、客観的な第三者の目として厳しく監視してくれるようになったのです。どういうことかと言いますと、高校、大学、プロと年齢を重ねていっても、常に比べるのは他人ではなく、中学二年生の自分だったということです。どの時代も、「こんなんじゃ足りない」「まだまだできる」「こんな甘い自分は許されない」と常に自分を厳しく追いこむことができました。

小久保は練習の虫だと言われたりしましたが、その基礎は中学時代にできあがったといっても過言ではありません。

この中学二年生の猛練習の成果が、さっそく中学三年生になるころに現れてきました。身体が少し大きくなり、同じ練習量をこなしてもへたばらなくなってきました。技術的なところで言うと、スイングスピードが速くなり、ボールが以前に比べて飛ぶようになってきたのです。ピッチャーだったのですが、明らかにストレートのスピードも速くなりました。

中学三年生のときは、ぎりぎりで試合ができる人数は集まりました。試合に飢えていたので早く試合がしたくてたまりませんでした。

ある日曜日でした。朝からダブルヘッダー（一日に二試合行うこと）の予定が組まれていました。久しぶりに試合ができるので、うきうきしながらグラウンドに行ったのを覚えています。ウォーミングアップを終え、いざ試合が始まってみると、緊張のため思ったように身体は動かず、凡ミスの繰り返し。攻撃でも相手ピッチャーに完全に抑えられるという始末で、案の定、監督の目は血走っていました。

人間、緊張しすぎると身体が思ったように動かないんだと初めて知りました。抑えてやろう、打ってやろうと思ったのは当然ですが、その気持ちが強すぎて冷静さを失い、力任せになっていたのだと思います。よく言われる「力み」という状態でしょう。この試合の経験から、緊張しているときは大きく深呼吸してみたり、遠くをながめてみたりするようになりました。

二試合目は少し緊張もほぐれ、一試合目よりは動きがよくなりました。しかし、また負けです。監督の目は相変わらず血走ったままでした。この時点で、私は二試合連続で完投していました。中学生の試合は七イニング制ですから十四イニング投げたことになります。

二試合目が終わったところで、監督に呼ばれ、「あと一試合、申しこんでこい」と言われました。私は、言われるがまま、相手チームの監督のところに出向き、「申し訳ございませんが、時間の許すところまでで構いませんので、もう一試合お願いできませんでしょうか?」と頭を下げました。快く承諾してもらい、三試合目が始まりました。時間の関係上、五イニングということでプレーボール。そこでマウンドに上がったのは、またまた私です。これには相手チームの監督、選手もびっくりで、目を白黒させていました。

試合の結果は忘れてしまいましたが、この試合が一番よいボールを投げられました。結局五イニングを完投し、三試合十九イニングを、全部ひとりで投げ切りました。何かいらない力みが消え、無駄な動きがなくなった感じで投げることができたのを覚えています。

試合後、いつも通りミーティングのために監督のところに集まると、普段は立ったまま話を聞くのですが、その日は全員座らされました。そこで、私以外の選手も三試合目が一番動きがよかったこと、元気があったことなどをほめられました。普段は怒られてばかりの私たちがほめられたことがうれしくて、疲れが一気に吹き飛びました。

私はどちらかといえば力みすぎるタイプです。監督は体力的に限界に近いところまでもっていき、力が自然に抜ける状態でマウンドに上がらせたかったんだろうと思います。このときに力を抜くことの大切さを学びました。

結局、最後までぎりぎりの人数のままでしたが、中学時代は、中身の濃い充実した三年間を過ごしました。

中学最後での大けが

所属していた野球部が和歌山キングタイガースというボーイズリーグのチームだったために、あまり中学校の友だちと遊んだ記憶がありません。練習場所もチームメイトも全く別だったからです。反抗期に入り、不良に憧れた時期もありました。そのときは不良グループとつるんでいました。中学三年生の夏から秋にかけてだったと思います。ただ、特に深入りせず、けんかもしませんでした。プロ野球選手になる夢があったからです。

しかし、中学三年生の終わりごろに事件は起こりました。和歌山市内の学力テストが行われ、ほかの学校からもたくさんの生徒が参加していました。その中に不良っぽい生徒が数人いたのですが、休み時間に私の中学校の生徒が彼らにちょっかいを出しました。

その場では、特にけんかになることはなかったのですが、その不良っぽい生徒が、学力テスト終了後に集まるよう、応援を頼んでいたのです。大げんかになると思ったのでしょう。

テストが終わり、表に出ると、「不良っぽい」どころではない、髪の毛を金髪に染めた本物の不良が二十人くらい来ていました。私はちょっかいを出していなかったので素通りできたのですが、ちょっかいを出した同じ中学校の生徒が袋叩きにあっています。見て見ぬ振りはできずに、私もそれに参戦したのでした。

ただ人数が多いので、時間が経てば経つほど形勢不利になってきました。最後は私も袋叩きにあい、ボコボコにされました。右手は大きく腫れ、頭からは出血し、散々な格好で帰宅。祖母は私の顔を見るなり、母の勤め先に電話をかけてくれました。母が電話口に出た瞬間、涙が止まりませんでした。

そして、「すぐに帰ってきてほしい」とお願いして、病院に連れていってもらいました。私は覚えていないのですが、このとき「野球ができなくなる」と言いながら泣いていたと、後に母から聞きました。検査の結果、骨には異常なし、頭も大丈夫ということで、ほっと胸をなで下ろしたのを覚えています。

その後、通っていた中学校で先生から呼び出され、一部始終を聞かれました。目撃した地域住民の方から、学校のほうに連絡が入ったようです。こちらから仕掛けた事実がなかったので、一週間後にそのけんかに加わった他校の生徒たちが、先生につき添われ謝罪に来ました。

私のちょっとした心の迷いから生じた不良への憧れもこのときに終わりました。中学時代、最後の最後で大けがを負うことになったのですが、その後の野球人生に影響がなくて本当によかったと思います。

小学校四年生のとき、和歌山市の野球大会で優勝。勝負に勝つ喜びを初めて知った。

第2章

プロを目指して

甲子園を目指した高校時代
全日本チームに選ばれた大学時代

星林高校時代。ピッチャーとして活躍した。

高校選び

高校を受験するにあたり、一番に考えたのはどの高校に進めば甲子園に出場できるかということでした。甲子園に出場することができればスカウトの目にとまり、プロ野球選手になるという夢に近づけると思ったからです。

そこでまず、名門・智辯《ちべん》学園和歌山高等学校（以下、智辯和歌山高校）のセレクションを受けました。高校野球の世界で名前を知らない人はいないくらいの強豪校ですが、当時から少人数制で選手を鍛えあげることや、立派な施設を持っていることで有名な高校でした。和歌山県の中学球児にとって、何と言っても「甲子園に行くには智辯和歌山高校に進学するのが近道だ」と思える存在だったのです。

中学時代の監督につき添われ、和歌山市冬野にある智辯和歌山高校に向かいました。校舎とグラウンドは、少し小高い場所にあったため、緊張しながら長い坂道を上っていったのを覚えています。

セレクションといっても私のほかに中学生の選手はいませんでした。私ひとりだけ智辯和歌山の高校球児に交じって練習するのです。当時の私は、中学三年生としては大きいほうで百七十センチ以上ありましたが、高校生の身体と比べたら見劣りします。高校生の部員がすごくがっしりしていて大人に見えました。

じって高校側には、前もって投手としてテストしてほしいと伝えていたので、みんなに交じってウォーミングアップを終えるとすぐにピッチング練習に移りました。ブルペンに入り高校生のキャッチャー相手に、変化球を交えながら三十球ほど投げました。途中セット・ポジションで投げるように指示があったので、ランナーを想定してクイック・モーションでも投げました。

自分ではストレートの走りもよく、唯一の変化球であるカーブの曲がりもよかったと感じました。最近の中学生はすでに多彩な変化球を投げますが、私には一種類の変化球しかありませんでした。ただ、それは私の中学時代には、特別に珍しいことではなく、周りの投手たちも、せいぜいストレート、カーブ、フォークを操るくらいでした。

ピッチング練習の後はバッティング練習。ストレートとカーブの両方のピッチングマシーンがセットされています。先輩の高校生に交じって打たせてもらいました。ストレートのピッチングマシーンは、それまでの野球人生で見たことのないほどの速さに設定されていました。全球空振りという散々な結果でした。気を取り直し、カーブを投じるマシーンに移り、バッティング練習再開。ここでは多少よい打球を打つことができました。

しかし、まさかストレートを全球空振りしてしまうなんて……。このセレクションで高校野球のレベルの高さを目《ま》の当たりにし、大きく自信を失い家路に就きました。しかし、バッティングは散々でしたが、ピッチングでは自分でも満足できるキレのよいボールを投げこむことができたので、合否の結果を待つことにしました。

数日後、セレクションの判定を中学時代の監督から聞きました。結果は、投手としては「不合格」だが、野手としては「合格」という、全く予想だにしなかった答え。「投手ではなく野手」という判断に、戸惑いの気持ちが湧きました。

それにしても、現在から振り返ると、当時の智辯和歌山高校・髙嶋仁《たかしまひとし》監督の、選手の適性を見抜く力には脱帽します。私の空振りしかしていないスイングを見て、「野手としてなら取る」と言ってくださったそうです。投手にこだわっていた私ですが、実際のところ、高校入学後に、私の打者としての評価はうなぎ上りとなり、後にバッティングの実力を買われてプロ野球選手になることができました。さすが、春夏の甲子園での通算勝利数が全国で一番の名将です。

中学時代の監督と相談した結果、投手としてプレーしたい思いが強かったので、智辯和歌山高校ではなく、和歌山県立星林《せいりん》高校への進学を目指すことにしました。星林高校は公立でスポーツ推薦がなく、受験で合格しなければ入れません。中学時代、野球の練習も半端なくしましたが、塾にも通っていたので、幸いにも星林高校に入学できるくらいの偏差値はありました。

星林高校を受験しようと決めた理由はふたつあります。ひとつ目は、中学三年生の十二月ごろからほとんど毎日、当時の星林高校の監督である故・谷口健次先生が私の自宅まで足を運んでくださったからです。中学時代、チームとしても、個人としても目立った成績を残すことはできなかったにもかかわらず、熱心に誘ってくれました。そして、先生と話しているうちに、「この監督のもとで甲子園を目指したい」と思うようになりました。

ふたつ目は、その星林高校に当時の和歌山市内の中学生で硬式、軟式合わせてトップクラスの選手が集まると聞いたからです。そのメンバーを聞くと、たしかにすごい選手ばかりです。これは全員合格すれば必ず甲子園に行けるチームになると思いました。

星林高校に合格する自信はあったのですが、やはり合格発表当日、自分の番号を確認するまではどきどきしていました。ほかのメンバーも無事に全員合格。晴れて星林高校生の仲間入りを果たしたのです。

星林高校

入学と同時に、私自身が心に決めたことがあります。それは、勉強よりも野球を優先するということでした。誤解を招かないように言いますが、授業に出ないとか、試験で赤点ばかり取っても構わないという意味ではありません。先ほども言ったように、中学生のときは、塾にも通い、それなりの成績を収めていました。また、どれだけ野球の練習が厳しくても、学校で必要な予習、復習はきっちりやっていたので、テストでもクラスで常に十番以内をキープしていました。それは、しっかり受験をして甲子園出場を狙える志望の高校へ入るためでした。

高校を卒業したら野球で生きる、野球を武器に社会人野球の道に進み、最終的にプロの世界にたどりつこうと考えたので、それまで予習、復習にかけていた時間を野球の練習にあてようと決めたのです。女手ひとつで育ててくれた母に、これ以上負担をかけたくなかったので、大学進学の選択肢は消しました。

しかし、赤点ばかりで卒業が危うくなっては仕方ありません。そこで、どれだけ練習で疲れていても授業中に寝ないことも決めました。ノートをしっかり取り、先生の話をよく聞くことに専念しようと思いました。学年が上がるにつれ、成績がどんどん下がっていったのは言うまでもありませんが、それでも試験前に特別な勉強をしなくても赤点は取らずにすみました。

十四人の新入部員とともに高校での生活がスタートしました。はじめの仕事は当然、グラウンド整備です。昼休みになると、学生服を着たまま、仲間がグラウンドに集まってきます。そしてみんなで内野を整備します。それが終わると、わいわいしゃべりながらベンチで昼食をとります。午後の授業が終わると三時半から練習開始です。

普通の公立高校だったのでグラウンドはそれほど広くありません。我々野球部を筆頭にサッカー部、ラグビー部、陸上部がひしめき合って練習します。いつ、どこから何が飛んでくるかわからない状況ですから、練習自体も命がけです。硬式ボールを使用する野球部は、加害者になる機会のほうが多かったのです。私も陸上部の女子の頭に打球を当ててけがをさせてしまったことがあります。病院でのレントゲン検査の結果、骨には異常なしということでほっとしましたが、もし顔に当たっていたらと思い、ぞっとしたのを覚えています。後日、謝罪のために、お菓子を持ってお見舞いに行きました。

毎日の練習では、ピッチャーとしてのメニューが八割を占めていました。大好きなバッティング練習は少しだけ。ピッチング練習をした後は、ただひたすらランニングです。陸上部と同じところを走っていたのですが、どう見ても陸上部より私を含めたピッチャー四人のほうが長い距離を走っていました。高校一年生のときは、先輩たちの手前、なかなか水も飲めない雰囲気だったので、練習前に木の陰に水筒を隠して、ランニング途中にこっそりのどを潤したこともあります。

鬼のタニケン

ここで、高校時代の監督である谷口先生について触れたいと思います。谷口先生は社会科の先生だったので、私たちは「監督」ではなく「先生」と呼んでいました。卒業後もたまにお会いしましたが、やはり呼ぶときは「先生」でした。高校の教諭になる前は、中学校で教鞭《きょうべん》を執り、野球部の監督もしていたそうです。当時の教え子に、元広島東洋カープの正田耕三《しょうだこうぞう》さんがいます。

正田さんといえば、スイッチヒッターで足が速く、二度の首位打者に盗塁王、ゴールデン・グラブ賞を五回、ベストナインに選ばれること二回と、球界を代表する選手でした。谷口先生からも、とにかくよく練習する子だったと何度も聞かされました。プロに入り、あれだけの活躍をする選手はやっぱり練習量がすごかったんだと、大いに刺激になったのを覚えています。

プロ入り後、オープン戦の移動の際、正田さんにばったり広島駅でお会いしたことがありました。簡単なあいさつしかできなかったのですが、今でも忘れられない光景があります。なんと、移動時に使うボストンバッグにバットが突き刺さっていたのです。移動先のホテルでスイングするために違いありません。

シーズン中、例えば試合後に敵地へ遠征する際、野球道具は選手とは別に送られ、選手より後にホテルに届きます。各選手の部屋に搬入されるのは移動日の翌朝になるのが一般的です。つまり、その日の夜は手元にバットがありません。だから練習熱心な正田さんは自らバットを持って移動していたのです。

ホークスではそんな先輩を見たことがありませんでした。正田さんの姿勢を見習おうと思いました。ただホークスの場合、飛行機での移動が多く、手荷物検査を何度も通すのが面倒だったため、遠征先の各ホテルにバットを一本置いておくことにしました。


「鬼のタニケン」。谷口先生の別名です。和歌山の野球関係者では知らない人がいないくらい有名なセカンドネーム。星林高校の監督に就任されてからは、かなり丸くなられたと聞きましたが、それでも怒ったときの迫力は半端ではありませんでした。

高校二年生のときにこんなことがありました。内野で守備練習をしていたのですが、送球がそれてしまいました。背中を向けて守備位置に戻ろうとしたところ、頭に強い衝撃が走りました。

振り返ると私の足元にキャッチャーマスクが落ちています。送球ミスに腹を立てた先生が近くにあったキャッチャーマスクを思わず投げてしまったのでしょう。私はその日、ちょうど肩の検査で病院に行く予定でした。急いで着替えを済ませて病院に向かおうとしたとき、女子マネージャーから「頭から血が出ているよ」と言われました。手でさわってみると、べっとりと血がついていました。すぐにふきとって、何事もなかったかのようにして、病院へ向かいました。

病院に到着後、レントゲン写真を撮り、肩の検査が終わりました。帰る準備をしていたときに、医師から「頭を見せてみろ」と言われました。どきっとしてそのまま帰ろうとしましたが、つかまってしまい、結局、二針縫うことになりました。医師には「階段で頭をぶつけました」と嘘をつき、帰宅しました。

帰りの電車で、「血もふきとっていたし、なぜ頭にけがをしていたのがわかったのだろう」と不思議に思ったのを覚えています。

そして、次に検査に行ったときに医師に聞いてみました。

「先生、前回、なぜ僕が頭をけがしているのがわかったのですか？」

すると、「小久保の頭にけがを負わせてしまったから診てやってください」と谷口先生から電話があったことを教えてくれました。なるほど、そういうことだったのかと謎が解けました。

あのとき、なぜ私が「階段で頭をぶつけた」と嘘をついたのかと言うと、私さえだまっていれば谷口先生に迷惑がかかることはないと思ったからです。もちろん母にも話しませんでした。まあ、話したところで「抜糸はいつなの？　それまで化膿《かのう》しないように気をつけなさいね」くらいで終わりですが。

谷口先生から謝罪の電話があったと聞いたのも、しばらく経ってからでした。そんなことで驚くような母ではありません。だいたいそのくらいのことで、指導者に食ってかかるような親なら、私も甘い男に育ち、プロ野球の選手にはなれなかったでしょう。

私はプロ入り後もよく「痛みに強い選手」と言われてきました。痛みに弱い選手は大成しません。その点、私は痛みに強くてよかったと思います。その原点は高校時代にあったと言ってもよいと思います。

とにかく谷口先生は「痛い」と言う選手が大嫌いでした。そのため少々の痛みは我慢して練習を続けてきました。高校二年生の夏の大会前です。七月中旬から和歌山県予選大会が始まります。

その一か月前くらいからだったでしょうか、ピッチングをするたびに左の脇腹が痛みます。そのときは背番号1番のエースナンバーをもらっていました。当然「痛い」

とは言えません。二回戦で名門・箕島《みのしま》高校に敗れるまで我慢して投げ続けました。上級生にとって最後の大会が、私の不甲斐《ふがい》ないピッチングで幕を閉じたので申し訳ない気持ちでいっぱいでした。

新チームとして練習が始まる前に、一度肋骨《ろっこつ》の検査に行っておこうと思い、病院に行きました。そこで下された診断は、「左肋骨骨折」という想定外の診断名。俗にいう、「疲労骨折」というものです。ただ、もう治りかけで、あと一週間もすれば痛みがなくなるでしょうということでした。自分でもレントゲン写真を見ましたが、ちょうど折れていた部分が丸くなっていました。これは骨がくっついた証拠です。折れたまま二か月くらい投げ続けたわけですから、それは痛いはずです。しかし、このときの経験から、人間は少々痛くても大丈夫なものなんだと思えるようになりました。

プロ入り後、デッドボールにより二回肋骨を骨折しましたが、二回とも約三週間で復帰できたのは、高校時代に、骨折していても投げていた経験があったからだと思います。

高校時代、忘れることのできない先生がほかにもいました。先生といっても教師ではなく、指圧の先生です。

和歌山市雑賀崎《さいかざき》にいらした先生ですが、まさにゴッドハンドでした。奥野先生といいます。治療に使うのは自分の指だけ。特に先生の右手親指は発達していて、太く大きく腫れあがっているかのようでした。その親指の腹で悪いところを探して治します。例えばボールを投げると肘が痛むとします。先生が肘を押すと最初の三分間くらいは叫び声を上げそうなくらい痛いのですが、徐々に痛みが治まります。その後ボールを投げても痛みを感じません。このような感じで、私の身体のありとあらゆる箇所を治してもらいました。

奥野先生がいなければ、私の身体はパンクしていたと思います。練習量が多かったので、常に私の身体は悲鳴を上げていたのです。週に最低三回はお世話になっていました。奥野先生には心から感謝しています。

高校三年生

新チームでの私は副キャプテンという立場で、キャプテンである伊藤吉浩のサポートをしました。伊藤とは今でも仲がよく、一生のつき合いのできる親友です。もうひとり山下正信という親友もいます。彼も私と同じ副キャプテンに指名されました。

人生において、親友と呼べる人間は、最高の財産だと思います。彼らの存在は私の人生の一部になっています。今でも、帰省した際によく三人で会いますが、三人にしかわからない空気が流れるのを感じます。彼ら以外の同級生も私が和歌山に帰ったときに集まってくれます。高校時代、ともに甲子園を目指した仲間は特別です。当時から仲のよい同級生だったので、チームがひとつになり同じ目的に向かうという点においては、どこの学校にも負けていなかったと自負しています。

高校生活最後の夏、和歌山県予選大会が始まりました。断トツの優勝候補だった我らが星林高校は順調に勝ち進み、準決勝まで駒を進めました。準決勝の相手は県立桐《とう》蔭《いん》高校です。歴史がある学校で、昔は和歌山中学（旧制）という校名でした。当時の和歌山市内で一番偏差値が高い高校です。

結果、七対二の完敗に終わりました。試合後、一時間くらいは泣いたでしょうか。人生で初めて、「心にぽっかり穴が開いた」という経験をすることになりました。それほど甲子園という舞台は特別なものだったということでしょう。目の前にある目標が突然なくなったために、無気力になり、何もする気が起きず、次の一歩を踏み出すまでに一週間くらいかかったのを覚えています。

私には弟がひとりいます。二歳年下で隆也といいます。隆也も私の影響を受けて、小さいころに野球を始めました。グラウンドにいつもついてきていたので、私が小学校二年生のとき、まだ保育園児だった隆也も特別に入部を許可されました。

じつはその隆也が、準決勝のもう一試合で勝ち、決勝に進出したのでした。私も勝っていれば、決勝戦で兄弟対決が実現したのですが、残念ながら力がおよびませんでした。隆也の高校は私がセレクションを受けた、あの智辯和歌山高校です。隆也はまだ高校一年生だったにもかかわらず、隠れエースとして大活躍し、ついに甲子園に出場してしまいました。弟でありながら、ライバルと強く意識していたのは事実です。素直に「よかったね、おめでとう」と言える自分はいませんでした。小さな男です。

私が準決勝で敗退した翌日が、隆也がいる智辯和歌山高校の決勝戦です。前日の敗戦のショックからまだ立ち直れずにいた私は、応援に行く気になれなかったのですが、母から「自分の弟なんだから、応援してあげなきゃ。そんな小さな男でどうする」と説得され、応援に向かいました。あのとき、嫉妬心を抱いていた未熟な私をしかってくれた母に感謝します。

隆也は結局、二回甲子園に出場しています。高校一年生の夏、高校三年生の夏です。どちらもエースとして大活躍しました。私は後にドラフトにかかることになったのですが、和歌山の人たちは隆也がプロ入りしたと勘違いしたみたいです。そのくらい、私より隆也のほうが有名でした。

さて、敗戦のショックから立ち直りつつあった私は、次の選択を迫られることになります。高校卒業後の進路です。幸運にも社会人チームを持つ、ふたつの会社から内定をいただいていたので、どちらの会社にお世話になるか、決めなければなりません。ここでも「どちらの会社にお世話になれば、プロ野球選手になれるか」ということしか考えませんでした。しかし正直なところ、どちらにするか、決めかねていました。

そんなとき、母から話があると呼ばれました。てっきり就職するにあたってのアドバイスをもらえるものだと思っていた私に、母は言いました。

「大学に行ってくれへん？」

驚きました。「一人親だから、長男を大学に行かせられない」などと他人に思われるのはプライドが許さない、ということでした。「そうは言っても、これ以上負担をかけたくない」という、私の気持ちを察したのか、「お金の心配はしなくていい」とまで言われました。

そこまで言われれば方向転換するしかないと思い、すぐに谷口先生に電話しました。このときの先生の驚きようといったらありませんでした。一年以上前から就職先の準備を進め、二社から内定をもらえるところまで話が進んでいたのです。それを突然、「大学に行きたい」と言い出したわけですから、無理もありません。

青山学院大学のセレクション

谷口先生は面倒見がよいことで有名です。卒業を控えた部員の進学や就職の世話を進んで引き受けていました。顔も広く、いろいろな分野に知り合いがいるので、お世話になった教え子は数え切れません。私がプロ入りした後も、大阪での試合のときはよくホテルまで来てくださいました。特に用事はなくても顔を見に来ていただけるのは、とてもうれしいことでした。厳しく指導した生徒ほど最後まで面倒を見て、気にかけてくれるのです。

その谷口先生が、ほうぼうに相談してくれて、まずは青山学院大学のセレクションを受けることになりました。本命は関西学生野球連盟か関西六大学野球連盟に所属する大学のつもりでした。

その本命のセレクションを受ける前に、セレクション自体の雰囲気を味わっておこうと谷口先生が配慮してくれたのです。

高校時代は投手と外野手をやりましたが、バッティングに自信があった私は打者としてセレクションを受けるつもりでいました。外野手より内野手のほうが今後のためには道が開けると思い、セレクションに行く直前まで内野の練習を続けました。

しかし、即席で上手くなるほど甘くありません。内野手として受けたら不合格が目に見えているということで、結局、直前になって、谷口先生からピッチャーで受けることを勧められました。

あくまで本命に合格するための度胸試し。ピッチング練習もしていない。そんな状態ですから青学のセレクションでは緊張することもありませんでした。それどころか思いつきで、いつものオーバースローから、少し肘を下げサイドスローに近いフォームで投げたほどです。なぜフォームを変えたのかについては、特に理由はありませんが、気楽に臨んでいたということでしょう。

このときの青山学院大学のセレクションに集まったのは、ドラフト前日のスポーツ新聞に指名候補選手として、「特A」「A」「B」などのランクで名前が挙がる、高校球界のスーパースターばかりです。東京農業大第二高校の高山健一、東邦高校の原浩高、中川恵造、高知商業高校の久保貴司、PL学園高校の清原幸治、投手では、青森戸山高校の白鳥隆志、秋田高校の椎名博樹、茨城キリスト教学園高校の遠藤剛、春日部共栄高校の中村和雄紀などです。この原稿を書くにあたり、当時の資料を見ましたが、私の名前もありました。「ドラフト候補選手、投手・小久保裕紀」と載っています。投手としての評価が高かったのですね。知りませんでした。

特に高知商業の久保の能力は高く、大学入学後、一年生の春からレギュラーを獲得しました。そんな選手たちを相手に、試合形式の実戦練習でひとりひとりと対決しました。ひらめきでサイドスローから投げた私は、この日、なぜか絶好調。ほとんどヒットを許さず、三振もいくつか奪いました。まさか、これほどまでのピッチングができるとは思ってもみませんでした。これには本人が一番びっくりしました。

運よく合格です。人生どこで何が起こるかわかりません。紙一重の連続で決まったとも言えます。結局、度胸試しで行ったはずの青学のセレクションでこのような結果になったために、それ以後どこのセレクションも受けずに、最後の筆記試験に向けての準備に取りかかりました。十二月に筆記試験と面接を終え、正式に合格通知が届きました。こうして人生で初めての、親元を離れての生活が始まります。

このセレクションに高校生離れした体格の内野手が参加していました。身長百八十九センチメートルのショートなんて見たことがありません。人一倍声が大きく、セレクションに参加した中でも目立つ存在でした。彼は大分の臼杵《うすき》高校出身です。コアな野球ファンの方なら、わかるかもしれません。そうです、ホークスや千葉ロッテマリーンズでコーチや二軍監督を務めた鳥越裕介《とりごえゆうすけ》です。よく通る声で若手内野手を鍛えあげていましたが、当時からでかい声でした。

これは後から知ることになるのですが、じつはあのセレクションはほとんど合格メンバーが決まっていたようです。残りひと枠を争う状況で、私と鳥越が最終候補まで残っていたらしいのです。私が合格し、彼は明治大学に進学しました。彼とは「あのころから縁があったんだね」と今も笑い話になります。

青山学院大学野球部

青山学院大学の本校舎はその名の通り東京・青山にありますが、野球部のグラウンド、寮など体育会系の練習施設は東急東横線沿線の綱島（横浜市。現在の施設は相模《さがみ》原《はら》市の淵野辺《ふちのべ》）にありました。

マクレイハウスという名前の寮では、大学四年生、三年生、二年生、一年生各ひとりの四人がひと部屋で生活します。二段ベッドがふたつあり、下級生は当然上の、天井までの高さのないほうのベッドです。掃除から洗濯、買い出しと一年生は雑用係です。入寮から一か月はあっという間に過ぎました。

ところが、生活のリズムも安定し、流れもわかってきたころ、突然ホームシックにかかりました。高校時代の親友に会いたくなったり、母親のつくったトンカツが夢に出てきたりします。プロ野球選手になるという目標にぶれはないので、辞めることはありませんが、無性に和歌山に帰りたい衝動にかられたのです。しかし、そんなことも時間が解決してくれました。

当時の青山学院大学野球部の監督は、近年まで指揮を執っていた河原井正雄《かわらいまさお》さんです。監督は覚えていらっしゃるかどうかわかりませんが、入寮後しばらくして監督室を訪れました。

「監督、四年後プロの選手になりたいです。そのつもりで取り組むのでよろしくお願いします」

今思えば、何と生意気な十八歳でしょう。しかし、当時の私にとっては大切な問題です。絶対にぶれない目標があるときは、しっかり意思表示するべきだと思っていましたし、今もその考えに変わりはありません。最初に逃げられない環境をつくってしまうのは、成功する条件のひとつであると思います。

青学には投手として入部しましたが、プロに行くなら野手でという思いがありました。

それでも、大学一年生の秋季リーグ戦で、同級生の白鳥、椎名、遠藤、中村を差し置いて、投手の中では一番乗りで神宮デビューを果たしました。中継ぎとして駒澤大学相手に投げましたが、三分の一回、四失点。散々なデビュー戦でした。

おまけに当時の東都大学野球のスーパースター・若田部《わかたべ》健一さんから神宮球場レフトスタンド遥《はる》か後方まで飛ばされる特大ホームランを浴びました。若田部さんは大学球界を代表するようなピッチャー。このときはまだ大学三年生でしたが、間違いなく次の年のドラフトの目玉になる選手です。実際、四球団からの指名がありました。私は、ピッチャーに特大ホームランを打たれてしまったのです。

余談ですが、東都大学野球のレベルの高さを表す意味で、一九九〇年代にドラフト上位でプロ入りした選手を挙げてみます（敬称略）。亜細亜《あじあ》大学では近鉄やドラゴンズで活躍した小池秀郎《ひでお》、スワローズや米球界などで活躍した高津臣吾。駒澤大学ではホークス、ベイスターズに進んだ若田部健一、ドラゴンズやカープで活躍した鶴田泰《やすし》、ファイターズやホークスに在籍した田口昌徳《まさのり》。日本大学では、ジャイアンツに入った門奈哲寛《もんなてつひろ》（現・福岡ソフトバンクホークス三軍用具担当）、ドラゴンズの落合英二。専修大学ではスワローズの岡林洋一、ライオンズなどで活躍した杉山賢人《けんと》、マリーンズなどで働いた武藤潤一郎、カープやタイガースの町田公二郎がいます。東洋大学ではタイガースの桧山進次郎、今岡誠（現・今岡真訪《まこと》、マリーンズにも在籍）などがいました。

中でも小池さんは、あの野茂英雄さん（近鉄、ロサンゼルス・ドジャーズほか）に並ぶ八球団からのドラフト一位指名がありました。亜細亜大学で小池さんと同学年だった高津さんは、常に二番手投手でした。プロに入ってあれほどの活躍をするピッチャーが大学時代にエースになれなかったのですから、当時の亜細亜大学は強いはずです。そのころからすでに「人気の六大学野球」に対して「実力の東都大学野球」と呼ばれていましたが、このメンバーを見ればその理由がわかると思います。

東都大学野球のレベルが高い理由はもうひとつ挙げられます。入れ替え戦が存在することです。もちろん目指すのは優勝ですが、東都大学野球では、まず最初に最下位を免れることが目標になります。実力は紙一重なので、春季リーグ戦では優勝したのに、秋季リーグ戦では最下位になり、そのまま入れ替え戦に敗れ二部に降格なんていうこともあります。入れ替え戦で負けるということは、それまでの先輩たちが積み上げてきた歴史を失うことになるので、中途半端なプレッシャーではありません。幸いにも私の在学中は入れ替え戦に出ることはありませんでした。

野手への転向

話がそれたので元に戻しますが、若田部さんに打たれたのが理由で、ピッチャー小久保は初登板の日が最後となりました。私も早く打者に転向したかったので、監督室に呼ばれ「ピッチャー、クビ」と言われたときは、心の中で小さくガッツポーズをしていました。

ここから野手として本格的な野球人生のスタートです。今まで投手と外野手以外やったことがなかったのですが、河原井監督の勧めでサードからスタートしました。運よく大学二年生の春からレギュラーとして試合に出させてもらいました。ところが、好調なときほど、落とし穴にはまりやすいもの。

慶應義塾大学とのオープン戦のときのことです。第二打席でファールを打った際に、左の手のひらに激痛が走りました。何とか試合に出続けようと思ったのですが、あまりにも痛みが強く、かなり腫れも出てきました。病院に行ってレントゲン検査をした結果、「左手有鉤骨《ゆうこうこつ》骨折」とわかりました。せっかくつかみかけたレギュラーへの道も、ここでいったんストップせざるをえませんでした。全治に約三か月を要したために、春季リーグ戦には出場できず、秋季リーグ戦が私の神宮での野手デビューとなりました。

この秋季リーグが私にとって転機となりました。一年前、私のピッチャーとしての野球人生に終止符を打ってくれた若田部さんから、サヨナラホームランを含む二ホーマーを放ったのです。結局、この活躍が評価され、リーグ戦終了後に行われた、バルセロナ五輪出場選手の選考会を兼ねた合宿に招集されることになりました。新聞に載る私のキャッチコピーが「あの若田部から二ホーマー」ということで統一されました。

ご存じの通り、若田部さんとは私のプロ入り後、ホークスでチームメイトとして再会することになります。私と顔を合わせるたびに、「今のお前があるのは、俺のおかげだ」と冗談を言われます。でも、ある意味その通りなので、納得してしまいます。

バルセロナ五輪

バルセロナ五輪の選考会を兼ねた合宿には、全国からトップクラスの大学生が三十人くらい集まりました。まだ大学二年生でしたが、その中で私の打球が一番遠くに飛んだのでした。集まったメンバーの中でとても勉強になったのは、大阪商業大学の佐伯貴弘《さえきたかひろ》さん（後にベイスターズ、ドラゴンズ）です。どうしてそんなに身体がたくましいのか聞きに行きました。するとご自身がやっているウェートトレーニングのメニューを細かく教えてくださいました。ほとんど毎日、鍛える箇所を変えながらトレーニングしているとのことでした。

同学年では早稲田大学の仁志敏久《にしとしひさ》もいました。彼とはこの合宿を機に仲よくなり、ジャイアンツ時代もよくふたりで出かけました。ジャイアンツ時代の話は後で詳しく述べます。

この合宿では実戦形式の練習が組まれていました。紅白戦もありましたが、ホームランを放ったのを覚えています。このときの結果が後に本当の五輪メンバーが集まる、全日本チームに呼ばれることにつながりました。

この合宿でひとつの確信を得ました。それは、「自分は二年後には必ずプロ野球選手になれる」ということです。

プロの球団が一チーム六人をドラフトで指名したとすると、十二球団が指名するのは七十二人。二年後の七十二人には絶対に入れるという計算です。

プロ野球選手になるという夢から、プロ野球の世界でレギュラーを取るということに目標を変えました。はっきりとした目的を持つことで、より一層、練習に励むことができました。

この合宿の後、山中正竹監督が率いる全日本チームの合宿にも参加させてもらえるようになりました。ここは社会人がほとんど。このときには佐伯さん、仁志敏久も参加していたので、学生枠のひと枠を三人で争うことになります。ひとりしかバルセロナオリンピックには行けないのですが、誰が選ばれてもお互いにエールを送れるような間柄になっていました。

一九九一年の秋に正式にバルセロナ五輪行きの切符を手にしたこのチームですが、野球に対する考え方、取り組む姿勢、行動に至るまですべての面で勉強になりました。必ず金メダルを取るという高い目標があり、チームがひとつになっていました。また、日本のアマチュア野球を代表しているという自覚と誇りを持った集団でした。私自身も、日の丸を背負うということの責任が徐々に生まれてきたのを覚えています。

最終的に全国の学生の中からただひとり、私がバルセロナ五輪のメンバーに選ばれることになりました。社会人野球から十九人、学生ひとりという編成でバルセロナに向け出発しました。投手陣は、ミスターオリンピックと呼ばれた日本生命の杉浦正則さん、後にスワローズに入団した伊藤智仁《ともひと》さん、ライオンズに入団した杉山賢人さん、ジャイアンツに入団した西山一宇《かずたか》さん、ベイスターズに入団した小桧山雅仁さんなどそうそうたるメンバーです。野手陣はキャプテンでありキャッチャーの高見泰範さん、オリックスに入団した三輪隆さん、近鉄に入団した大島公一さん、ホークスに入団した佐藤真一さんなどです。ほかのメンバーも当時の社会人野球ではトップクラスの選手たちばかりです。

キューバ

そのメンバーで数多くの国際大会に参加しました。いろいろな国に行きました。台湾、アメリカ、キューバ、イタリア、スペインなどです。中でもバルセロナ五輪の二か月前に行ったキューバには軽いカルチャーショックを受けました。

まずホテルでのできごとです。私たちは二十階以上の部屋に宿泊していました。試合から帰ってきて当然シャワーを浴びますが、お湯が出ません。上の階までお湯が上がってこないと説明がありました。

食事にしても、マネージャーが最初に味見します。腐っている食べ物が出てくることも珍しくないからです。「今日出ているフルーツは食べないように」なんて通達があることもしばしばです。水は当然ミネラルウォーターだけです。日本はなんて恵まれているのだろうと思ったものです。

毎朝、朝食前に散歩、体操があるのですが、そのときの街の光景も忘れられません。ランニングをする子供たち、ボクシングのシャドー練習をする子供たち、バレーボールの練習をする子供たち、もちろん野球の練習をする子供たちもいます。それぞれ指導者がきっちりついています。

毎朝、本格的に練習する姿は真剣そのものです。彼らは五歳くらいまでに、国からどの道に進むか決められていると知りました。五歳くらいまでに適応性をチェックされ、能力が高い子供たちは野球をします。それ以外の順番は定かではありませんが、バレーボール、ボクシング、陸上という具合に国から将来を決められているということでした。

この事実には驚くと同時に、キューバ野球の真髄を垣間《かいま》見た気がしました。キューバのナショナルチームはまさに、超エリート集団というわけです。一九九二年に初めてキューバナショナルチームと試合をしましたが、あの衝撃は一生忘れることがないでしょう。スピード、パワーに加え「しなやかさ」があります。ひとつひとつのプレーが柔らかくて、強いのです。しかも、速い。鬼に金棒です。

私は大学三年生の二十歳でしたが、このときの最強キューバのレベルには、全日本のチームも遠くおよばないと感じました。特に、三番サード・リナレス、四番ファースト・キンデランは全盛期です。このふたりは当時のキューバでは英雄扱いでした。

バッティングの特徴としては、投げてくるボールに対して泳がされることがありません。私もよくありましたが、ストレートを狙って待っていて、スライダーが来ると、どうしても身体が突っこみ、ときには片手がバットから離れて泳がされたバッティングになります。これがないのが特徴でした。すべてのボールに対して、自分のポイントまで呼びこんで打つ。これは小さいころから訓練されるようです。泳がされるのはバッティングにおいて、一番の恥だと教えられているのです。

相手ピッチャーの印象ですが、じつは試合でほとんど打てた記憶がありません。東都大学のピッチャーもかなりレベルが高かったのは前述した通りですが、キューバナショナルチームのピッチャー陣は群を抜いてすごかった。ストレートの速さ、変化球のキレは当時の私では打ち返すのが至難の業でした。オーバースローで投げていたのに、突然サイドスローで投げてくることもあります。身体は大きく、手も長いので、とても近くから投げているかのように感じたのを覚えています。

キューバの野球界ではそんなレベルのピッチャーがいても、やっぱり花形選手はバッターになります。子供たちが集まって野球が始まると、日本ではボールとグローブを先に持つ子供が多いのですが、キューバではバットを先に持つ子供が圧倒的に多いのです。

国民もとにかく野球が好きで、球場もたくさんのファンで埋まります。自転車を客席まで乗り入れてくるので、グラウンドから見ると異様な光景に映りました。きっと外に置いていると盗まれるのでしょう。

それにしてもひどいグラウンドでした。デコボコのグラウンドなのでイレギュラーは当たり前です。普通のバウンドで来る確率のほうが低いくらいです。そんな中でもキューバの選手が捕球ミスをほとんどしないのは、肘から先をじつに柔らかく使うからです。

この環境で試合、または練習をすれば上手くなって当たり前だと思ったのと同時に、一歩国外に出て環境のよいグラウンドでプレーをすれば強いのも当然だと感じました。このように国際大会は気づきの連続でもあり、自分の力のなさを痛感させてくれるものでもありました。

最年少で全日本チーム入りを果たしたわけですから、当然ここでも雑用をしっかりこなしました。野球界はタテ社会です。数人分の洗濯は当たり前。国内外問わず、洗濯に出かけるときは、必ずバットを持参しました。オリンピック選手村でも洗濯機を回している間は、ひたすらバットを振っていました。

話を戻します。いざオリンピックが始まると、責任感というより重圧で押し潰されそうになりました。

準決勝で台湾に敗れ、次の日にアメリカと銅メダルをかけて戦いました。このときのアメリカのチームには、ジェイソン・ジアンビー、ノマー・ガルシアパーラ、後に松坂大輔投手の女房役となるジェイソン・バリテックなど、その後メジャーリーグで活躍する選手も多数在籍していました。

この日の朝からのプレッシャーといったらすさまじいものがありました。食事がのどを通らなかったのを覚えています。この試合にはスタメンで出場し、先制タイムリーを含む二安打を放ち、勝利に貢献することができました。結果、八対三で勝利し銅メダルを獲得しました。

このときの全日本チームでの半年間は、私の野球人生において貴重な経験となりました。オリンピック後、青山学院大学の野球部に対して少しでもプラスになればと思い、体験談や学んだことを伝えました。特に走塁の意識の高さや、準備の大切さ、何よりも日本のアマチュアではトップのメンバーが野球に対してどれだけ「ど真剣」に向き合っているかを伝えました。

感涙の闘将

ここで青山学院大学野球部監督だった河原井正雄さんについて触れたいと思います。青学の野球部はほかの東都大学野球連盟の一部に所属する大学より、明らかに全体練習の時間が短いです。二時間くらいで終わることも珍しくありません。その代わりその後の、学生たちが自分で考えて行う自主練習の時間は、とても長いのです。足りない部分を補うことや、長所であるバッティングを納得するまでやり続けられることは、どちらかと言えばやらされる野球しか知らない私にとって、新鮮に感じました。河原井監督は学生を大人として扱ってくれていたのだと思います。私が四年生になりキャプテンに就任した後も、監督室に呼ばれていっしょに練習メニューを考えたりしました。

私のひとつ上の先輩が、門限の午後十一時を過ぎてから、綱島駅で彼女と話しこんでいるのを監督に見つかってしまったことがありました。監督は先輩と目が合ったはずなのに、そのまま何も言わずに帰宅されたそうです。翌日その先輩が監督のところに謝罪に行ったところ、別れ話をしていたのではないかと、逆に心配してくれたと聞きました。普通の監督なら門限を過ぎていることをとがめるところだと思うのですが、河原井監督は彼女の心配をしてくれるような方です。

青山学院大学の監督は退任されましたが、今も若いままです。若さの秘訣は、少年のような純真さと感情の豊かさにあると思います。ご自身の著書『感涙の闘将』（ベースボール・マガジン社）の題名通り、本当によく泣かれる監督です。

私が大学四年生のとき、東都大学野球の春季リーグで優勝しました。そして、その勢いで全日本大学野球選手権大会でも、青山学院大学史上初めての優勝を果たしました。秋季リーグ戦前の早稲田大学とのオープン戦で、左脛骨《けいこつ》を骨折したために、私の大学での公式戦は春季リーグ戦が最後となりました。けがなどがあり、大学通算で三シーズンしか出場できず、ホームランも八本止まりでした。河原井監督には、「お前は青山学院大学では大した活躍はしていない」とよく言われましたが、全くその通りです。

しかし、奇跡のセレクションから東京での生活が始まり、道が開けたのは紛れもない事実です。大学生活を送るうえでの幅ができ、少しずつ大人の仲間入りを果たすことができました。プロ野球選手になれると確信し、目標をもう一段階高いところに設定できたのは幸運としか言いようがありません。

私の青学の同級生に、当時西武ライオンズに在籍していた清原和博さんの弟、清原幸治がいました。彼は副キャプテンで私をサポートしてくれました。大学二年生の春、彼に誘われプロ野球の公式戦を見に行ったこともあります。小さいころからプロ野球選手になることを夢見ていた子供にしては珍しく、このときの巨人対ヤクルト戦が私にとって人生初の、球場でのプロ野球観戦です。

ゲーム前のシートノックを見ながら清原幸治に「プロって、大したことないね」と言ったのが第一声でした。勘違い野郎と言われればその通りですが、本気で青学のシートノックのほうが上と思ったのです。プロに入ってから、シートノックを百パーセントの動きでする選手が少ないことを知りました。これにはいろいろな考え方があるので、ここではこれ以上触れません。

清原幸治といっしょに埼玉・所沢まで西武戦を見に行ったこともありました。試合後、西武球場の関係者駐車場で清原さんを待ちました。そして、高級ドイツ車ベンツの後部座席に乗せてもらい、清原さんの自宅に向かいました。清原さんが弟の幸治と話しているときは、試合のときとは違う、優しい表情をしていたのが印象的でした。そんなこともあったおかげで、清原さんにはプロ入り後もよく声をかけてもらいました。私がトレードでジャイアンツにお世話になったときも、面倒を見ていただき感謝しています。

このような大学生活を経て、いよいよプロ野球の世界に飛びこむことになります。

青山学院大学時代。バッターとして注目の存在となった。

第3章

若鷹

順風満帆ではなかった
若手選手時代

1993年秋、福岡ダイエーホークスの入団会見。
ドラフト2位での入団だった。

ホークス入団

一九九三年のドラフトから逆指名制度が導入されることになりました。そのとき大学四年生だった私たちの世代が、その一期生にあたります。当時、ダイエー、西武、巨人、ヤクルトの四球団からお誘いを受けました。各球団から聞いた情報を自分なりに精査して希望球団をしぼりこんでいきましたが、ダイエーか巨人かで最後の最後まで悩みました。正直なところ、二十二歳の青年がひとつの球団に決めるということは無理があったと思います。

自分の将来をこの時点で予測することは不可能です。二〇一二年、念願がかない、ジャイアンツに入団した菅野智之《すがのともゆき》投手のように、一浪してまでジャイアンツに入りたいという強い思いがあれば悩むことはないでしょう。

しかし、当時の私には一球団にしぼることはできませんでした。

「クジで決めてくれたほうが、自分にとって運命の球団なんだと思えて楽なのにな」

そう思ったこともありました。そうしている間にも、答えを出すべき日が迫ってきます。

最終的に福岡ダイエーホークスにお世話になろうと思った理由は、当時のオーナー中内切《なかうちいさお》さんをはじめ、球団代表・瀬戸山隆三さんを中心としたフロントの方々の強い熱意を感じたからです。

当時ダイエーホークスはお世辞にも強いと言えるチームではありませんでした。そんなチームを今後、強いチームにしていくのだという熱い思いに魅力を感じ、そのためには君の力が必要だ、という身に余るお言葉をいただき、気持ちは固まっていきました。

チームを強くしたいという球団の思いは本物でした。このとき、世紀の大トレードと言われた、後に福岡ソフトバンクホークスの監督にもなった秋山幸二さん（当時・西武ライオンズ）と当時ダイエーホークスのスーパースターだった佐々木誠さんを中心にした、三対三の大型トレードもありました。

私のプロ野球選手としての人生は、憧れの秋山さんとともにスタートすることになりました。それ以来ずっと、秋山さんは私にとって兄のような存在でした。ベンチではいつも隣に陣取り、たくさんの質問を浴びせ、野球を教えてもらいました。スケールの大きさ、体力、どこを比較しても勝てる要素はありません。ただ、ひたすらできることからまねし、少しでも近づきたいという思いで練習しました。

よく食事にも誘っていただきました。超一流のプロ野球選手が行くお店はいかにも高そうで、いつかは自分のお金で来られるようになるんだと思ったものです。それまで、仕入れた魚を入れているケースの見当たらない寿司《すし》屋なんて、行ったことがありませんでした。どうやって注文するのかと思っていたら、そういうお店はだまっていてもちゃんとつまみから出てくるのですね。

秋山さんはチームの負けがこんでも何ひとつ不平不満を言わず、「プロは技術がすべてだ」と言い続けました。そんな秋山さんにかわいがってもらい、本当によかったと思います。その影響が私にプロ意識を植えつけてくれることになりました。

ルーキーイヤー

入団一年目のときの監督は根本陸夫さんです。監督兼球団専務でした。根本さんはコーチに「小久保は大きく育てるから、あまり指導するな」と指示していたと後に聞きました。普通の発想ではありません。育てたいなら指導は欠かせないと思うのが普通です。私の根本さんに対する印象は、「何事にも動じない、腹のすわった人」というものです。

根本さんは一九九四年限りで監督を退任し、翌九五年からは球団専務としての業務に専念。九四年、九五年の二年間でホークスは、秋山幸二さんをはじめ、松永浩美《ひろみ》さん、石毛宏典《いしげひろみち》さん、工藤公康《きみやす》さんと他球団の中心選手を次々と入団させました。根本さんは、西武ライオンズ在籍時にも、積極的な補強で強豪チームを築き上げた実績があります。事実上のゼネラルマネージャーとして、まさに日本プロ野球界史上最高の方だったと言ってよいでしょう。

私のプロ一年目、開幕戦の対戦相手はオリックス・ブルーウェーブです。相手チームのイチロー選手が日本人で初めて登録名をカタカナに変更しました。同じタイミングで変更した、パンチ佐藤さんとともに話題になりました。この年、彼はシーズン二百十本安打という当時の日本プロ野球最多記録を樹立しました（現在は二〇一五年、当時西武ライオンズの秋山翔吾選手が記録した二百十六本）。

そのオリックスとの開幕戦に六番ライト、スターティングメンバーで出場を果たしました。プロ初打席の相手ピッチャーは星野伸之さんです。ストレートは百二十キロくらいですが、スローカーブが武器のピッチャーです。結果、空振り三振。チームは大勝しましたが、結局私は六打数〇安打の散々なデビュー戦となりました。次の日もスタメンで使ってもらい、三打席目でプロ初ヒットを放ちます。記念すべきプロ初ヒットを打ったピッチャーは、鋭く落ちるフォークが武器の野田浩司さんでした。

その後も思ったような活躍はできずに、試合にも出たり出なかったりが続きます。

プロ初ホームランも七月五日と遅かったのですが、そのときのことは鮮明に覚えています。この日はホークスのホームゲームでしたが、北九州市民球場で行われました。北九州市民球場といえば、今の時代では少なくなった、両翼九十二メートルの球場です。当然、福岡ドームに比べれば、ホームランが出る確率は上がります。

この日の相手チームであるロッテの先発投手は左の園川一美さんです。第一打席、特にスライダーを待っていたわけではありませんが、身体が自然に反応し、少し泳ぎ気味だったもののレフトスタンドまで運びました。そんな当たりを打ったことがなかったので、全力で走ったのを覚えています。ホームランと確認できたときは、正直「やっと出た」という心境でした。続く第二打席、満塁の場面で回ってきました。センター前に二点タイムリーを放ち、この試合に勝利したのです。初ホームランを含む、三打点の活躍でした。

プロ入り後初めて、お立ち台と呼ばれる、ヒーローインタビューを受けました。あのときの、試合とは違った緊張とファンの方々からの歓声はしっかりと心に残っています。インタビューが終わり、両手を上げてファンの声援に応えました。とても気持ちよい時間でした。北九州から福岡ドームまでの帰りのバスでも自然と顔がにやけます。そして、福岡ドームのロッカーに到着するなり、山本和範先輩、当時の登録名でいうとカズ山本さんに声をかけられました。

「おい、ルーキー。ヒーローインタビューで両手を上げるのはまだ早い。片手にしておけ」

「はいわかりました。すみません」

冗談か本気かわからないような、ちょっと怖い顔でそう言われました。

どう反応していいかわからず、戸惑っていましたが、ロッカーにいた別の先輩に、「ホームラン打って、怒られてんのか」と突っこまれて救われました。ただし、一気にヒーロー気分が吹っ飛んだのは言うまでもありません。

ただ、カズ山本さんは見た目は少し怖そうですが、とても優しく、ファンの皆さんからも「カズさん」「ドラさん」の愛称で親しまれ、非常に人気がある先輩でした。

ファンの方から「がんばってください」と言われると、必ず「お前もがんばれ」と応えるのが印象的でした。プロ入り後、一度は自由契約選手になり、バッティングセンターで働きながら、再びプロ野球選手になった苦労人です。そんなカズ山本さんだからこそ、俺はがんばっているから、お前もがんばるんだぞとエールを送れたのかもしれません。この日のカズさんとの会話はよい思い出となっています。

二〇一二年、私が引退を表明した後、カズさんは、その思い出の北九州市民球場に、わざわざ足を運んでくださり、目に涙を浮かべながら、「お疲れさん。よくがんばったな」とねぎらいの言葉をかけてくれました。とても感謝しています。

イップス

話を戻します。一年目、最終的にホームランは六本止まり、打率にしても二割を少し上回った程度です。バッティング練習の飛距離では、先輩方と遜色なかったのですが、ゲームになると打率が低くなり、使い物になりませんでした。

それから私の足を引っ張ったのはスローイングです。ゲーム中のスローイングミスはほとんどなかったのが救いですが、イニングの合間に行うボール回しで、セカンドの私がサードの松永浩美さんやショートの浜名《はまな》千広《ちひろ》さんに高く抜けたボールを投げ、あちらこちらへボールが行き、迷惑をかけました。小学生の子供でもできることが、プロである自分にできず恥ずかしくてなりません。

何とか克服しようと、コーチにナイターの日でも正午過ぎに来てもらい、ひたすらキャッチボールを繰り返す日々が続きました。二か月くらいで、少しずつ軽く投げるコツみたいなものがわかってきましたが、克服したと言えるレベルに達するまではまだ時間が必要でした。

ゴルフのパッティングのときなどに出る症状として、「イップス」という言葉を聞いたことがあると思います。精神的な原因などによって起こる、思い通りのプレーができなくなる運動障害です。イップスにかかるほとんどの野球選手の特徴は、近い距離を軽く投げることができないというものです。例えば、ピッチャーが打者に対して全力で投げているときは問題ないのですが、バントの処理で一塁に投げるときに指がボールに引っかかりすぎたり、逆に抜けたりするのがまさにそれです。

この症状になる選手はじつは少なくありません。私は、年下の選手には普通に投げられたのですが、先輩が相手だとおかしくなりました。精神的な要素が大きいのも事実です。その経験があるがゆえに、自分が受け手のときは絶対に後輩が気を遣わないように、どこに来ても捕ってやるという気持ちでプレーしていました。このあたりのホークスでの私の振る舞い、発言は後で詳しく述べることにします。

ハワイ・ウインターリーグ

一年目のシーズンが終わるころに、プロ野球人生における転機が訪れました。ハワイで行われるウインターリーグに参加することが決まったのです。同リーグは、日本や米国、韓国などから若手選手が集い、毎年十月の中旬から十二月の下旬まで開催されていました。選手は、オアフ島、ハワイ島、カウアイ島、マウイ島それぞれに本拠地を置く四チームにわかれ、総当たり合計六十四試合で（ほかの年の試合数は不明）リーグ優勝を決めるのです。一九九三年には、あのイチロー選手もこのハワイ・ウインターリーグに参加して首位打者を獲得しています。

私はカウアイ島を本拠地としたカウアイ・エメラルズに所属しました。ホークスからも私以外に六人の選手が参加していました。村松有人《ありひと》、大越基《おおこしもとい》、渡辺秀一《ひでかず》などです。このときハワイでともに過ごした彼らとは、年が近いせいもあり、戦友とでも言うべき妙な一体感が生まれました。日本とは比べものにならないデコボコのグラウンド、おいしいとは言えない食事……。帰国後は、みんなで当時の思い出話で盛り上がったものです。

大越とは同級生で今でもたまに食事に行ったりする仲です。仙台育英高校のエースだった彼は、私なんか全く無名の高校時代、すでに甲子園のヒーローでした。このリーグにはピッチャーとして参加していましたが、後に野手に転向。俊足、強肩を武器に日本シリーズでヒットを放つなどの活躍をしました。

現在は山口県下関市にある早鞆《はやとも》高校の野球部の監督をしています。二〇一二年、念願の第八十四回選抜高等学校野球大会に出場を果たしました。この甲子園出場を果たすまでには大変な苦労があったと思います。

シーズンオフにホークス時代の同級生で集まることがあったのですが、大越はあまりにも生徒が言うことを聞いてくれないと悩んでいました。

「大越だからこそ、そんな生徒たちを立ち直らせることができる。教師としてスタートしたばかりで、最初から上手くいくはずがないから、こつこつがんばれ」

と私たちは励ましました。

後に、あのときに背中を押してくれたおかげだと彼は言っていましたが、それは彼自身が考え、工夫し、生徒の心に響く何かを与えたからでしょう。この先も教育者として、野球を通じて成長する子供たちを見守ってほしいと思います。

一歳年下の村松有人は、俊足が武器の外野手です。このウインターリーグの期間中、どこのホテルでも彼と相部屋でした。若手主体のリーグなので一流ホテルになんて泊まらせてもらえません。遠征でオアフ島に行ったときのホテルなどひどいものでした。狭い、古い、汚いの三点セットです。それにサービスも悪いときています。唯一、ワイキキのど真ん中にあるということが救いでした。

ある遠征時のできごとです。ホテルの部屋に入ると、セミダブルのベッドがひとつしかありません。あたりを見回してもエキストラベッドも見当たりません。すぐにフロントにツインの部屋に替えるよう、連絡を入れました。すると、週末なので今日はあいにく満室だから、ひと晩だけ我慢してくれと言うのです。ソファーもない、テーブルもない、本当にベッドがひとつだけなのです。しかもセミダブルです。私と村松は背中を合わせながら一夜をともにしたのです。これも今となってはよい思い出です。

他球団も、それぞれ数人の選手を送り出していました。西武ライオンズ石井貴《たかし》投手、竹下潤投手、読売ジャイアンツ吉岡雄二選手、木村龍治投手、門奈哲寛投手、日本ハムファイターズ岩本勉投手、田口昌徳選手などです。どの島のチームにも数人の日本人選手が所属しているという状態です。

もちろんアメリカのリーグなので、メジャーリーガーの卵たちも派遣されてきています。1A、2Aの選手が中心だったのですが、日本のプロ野球でいうと、ちょうど一軍と二軍の間くらいのレベルに当たると思います。

行きの飛行機の中で、必ず来年勝負できる何かをつかむ二か月にしようと自分自身に誓いました。チャンスだと思ったのが、内野手が四人しか登録されていないチームに所属が決まったことです。大きなけがをしない限りは、ずっとスターティングメンバーに名を連ねることができる。少々打てなくても代わりの選手がいない。そして最大の課題であるイップスを克服できる時間がある。そう思った私はどっしり腰をすえてプレーしようと心に決めました。

野球人生で初めてセカンドを守ることになるのですが、全く要領がわからず、最初は苦労しました。しかし内野手は私を含め四人だけです。ずっと試合に出ている間に、少しずつ形になっていきました。イップス克服のために、内野を守っている外国人をホークスの先輩だとイメージして、その先輩の名前を呼びながらボールを投げました。おそらく、「ぶつぶつとよくしゃべる奴だ」と思われていたでしょう。

セカンドというポジションには、ダブルプレーに入るときのベース上での足の運び、外野に飛んだ打球に対するカットプレーでのポジショニングなど、サードを守ることが多かった私にはやったことのないプレーがたくさん必要とされました。

ちょうどマウイ島のチームに所属していた二塁手が、リーグ全体の中でひとりだけ際立った守備をしていたので、マウイとの試合のときは、ストーカーのように練習から試合中にかけてずっと目で追い続けました。動きを覚え、頭の中でイメージして、守備練習で同じように動けるようになるまで反復しました。二か月くらいすると、格段に上達しました。

後に、その選手を調べたら、この年のハワイ・ウインターリーグに派遣されているアメリカ人選手で唯一、3Aの選手だと知りました。ほかは2A以下の選手です。どうりで上手いはずです。守備はメジャーでも十分通用するが、バッティングが非力なので派遣されたと聞きました。いずれにしろ、私にとってお手本がいたことは幸運でした。

成功したければ、成功者のまねから入れとよく言われますが、それも一理あると思います。私にとってウインターリーグでの守備の上達はまさにものまねの成果です。

さて、次の年の売り物にしなければいけない、バッティングはこのウインターリーグでどうなっていたかと言いますと、首位打者争いを演じるくらい好調でした。開幕当初は二番セカンドが定位置だったので、バントあり右打ちありでつなぎに徹していましたが、シーズン中盤から長打も出始めたので、三番に抜擢《ばってき》されました。

最終の打撃成績は、三割七分で首位打者、ホームラン九本（二位）、打点王、もう少しで三冠王という活躍でした。そしてMVP（最優秀選手）のおまけつき。いくら日本の一軍レベルより劣るといっても、この二か月の経験はプロでやっていける自信となりました。このハワイ・ウインターリーグに参加していなければ、間違いなく今の私はありません。

王貞治さんとの出会い

ハワイでは、もうひとつ忘れられないできごとがありました。それは、私の師とも言える王貞治さんとの出会いです。名球会のイベントでたまたまオアフ島を訪れていた王さんが、私たちの試合を観戦に来てくださいました。当然、次の年からホークスの監督に就任することは、ハワイにいる私たちの耳にも届いていました。その日は朝からそわそわして落ち着きません。偶然にも、その日の試合で勝ったほうが優勝という大一番です。しかも、最終戦でした。

我がチーム、カウアイ・エメラルズ先発は、同期入団で一年目に新人王を獲得した渡辺秀一。相手チーム、ホノルル・シャークス先発は、当時巨人軍だった門奈哲寛さんでした。

王さんに見られているので大いに意識しながら向かった一打席目。会心のレフト前ヒットを放ち、続く二打席目になんと決勝ホームランを打ったのです。このホームランは公式戦で放った四百十三本とは違う意味で、印象に残っている一本です。試合後、王さんが祝福のためにグラウンドまで降りてきてくださいました。さすがにオーラが違います。ものすごい目力《めぢから》とでもいうのでしょうか、まともに見れば圧倒されてしまうほどの輝きを放っていました。

「おめでとう。見事なホームランだったね。来年からともにがんばろう。期待しているぞ」

目の前にいる世界のホームラン王からの言葉に胸が躍ります。態度にこそ出しませんでしたが、心の中はかなり舞い上がっていました。二か月間にわたるハワイ・ウインターリーグでの充実感をかみしめながら、また来季に向けた自分自身への期待をこめて、王さんと固い握手を交わして別れました。二か月前の「何かをつかんで帰る」

という自分自身との誓いを果たし、意気揚々と帰国の途に就いたのでした。

帰国後、とにかく早く練習したくてたまりません。ウインターリーグのときのバッティングを忘れないためです。感覚ほど当てにならないものはないのです。少し時間が経つと、今までできていたことが、すーっとどこかに逃げていきます。

特に若い選手、まだ経験が浅く実績のない選手ほど、「これでつかんだ」と思っても、手放すのも早いのです。二十三歳の私には、経験も実績もありません。だからこそ、ハワイでの感覚を身体に覚えこませようという思いで、正月返上でひたすらバットを振り続けたのです。

一九九五年、王監督一年目の春季キャンプはオーストラリアのゴールドコーストで行われました。この年のオーストラリアは異常に暑く、長時間にわたる練習では危険を感じるほどでした。すぐに脱水症状になり、頭がふらふらしてきます。しかし、最高のアピールの場であるキャンプでそんなことは言っていられません。特にフリーバッティングの時間は、絶好のアピールチャンスです。嫌らしいくらい、「私を見てください」と視線を送りました。

監督がケージの後ろに立って、私のバッティングを観察しているときなどは、全球ホームラン狙いです。少々強引でも、そのくらいアピールしないと道は開けないと思っていました。ほかの選手といっしょの動きでは目立つはずがないからです。ハワイのウインターリーグから帰国後に休まず練習を続けた成果もあり、このオーストラリアキャンプでは絶好調で、また乾燥しているせいかボールもよく飛びました。

ところが、そんなアピールタイムも長く続きませんでした。それは、監督がフリーバッティングの時間になると、とことこ歩いて外野に行ってしまうようになったからです。このキャンプで同部屋だった秋山さんが、「監督、真後ろでバッティングを見られると、緊張して動きがおかしくなるので、少し離れて見ていただけませんか？」と言ったみたいなのです。

秋山さん世代の野球少年にとって、現役時代の王監督はまさにスーパースターでした。当然、憧れの存在だったのでしょう。あの秋山さんでさえ、テレビでしか見ていなかった、世界のホームランアーチスト・王監督に間近で見られると緊張したのですね。

一方、私はと言えば、秋山さんの九歳年下ですから、王監督の現役時代はほとんど記憶にありません。だから、緊張どころか最大のアピールタイムという感じでバットが振れたのです。それどころか、遠くに行かれてショックでした。私のバッティング練習のときだけ、近くで見てくださいという心境でした。

石毛宏典さん

バッティングでのアピールは成功していたと思いますが、守備は大変でした。前年のウインターリーグでセカンドを守り、その流れのまま、この春季キャンプでもセカンドに入りました。前年までのホークスは、サード松永浩美さん、ショート浜名千広さん、ファーストはブライアン・トラックスラー選手とレギュラー陣が決まっています。

内野ではセカンドだけが唯一レギュラーが決まっていない状態です。そんな状況なら、当然セカンドに人は集まります。最初のシートノックでは六人くらい集結しました。この中でレギュラーをとるのは至難の業だと思ったのを覚えています。

その中でも最大のライバルになったのが、西武から移籍してきた石毛宏典さんでした。守備のレベルは高校生と小学生くらいの差があります。いくらウインターリーグでセカンドを守ってきたといっても、誰が見てもその差は歴然です。本人の私もよくわかっていました。当然、勝てる可能性があるのはバッティングとスピードです。私の現役時代の晩年しか知らない人は意外に思うかもしれませんが、プロ入り直後はまだ身体も細く、足も速かったんです。本当ですよ。

キャンプが終わりに近づくころになっても、誰が見ても石毛さんのほうがトータルで上にいました。キャンプ最終日のことです。最後の練習メニューで二十メートルダッシュのタイム走がありました。それが終われば、よくテレビで見かけたことがあると思いますが、マウンド付近に集まって行われる手締めで、キャンプのすべてが終了です。ダッシュをするためにサブグラウンドに移動しました。

先に石毛さんはメニューを終えていました。私もダッシュを繰り返し、ラスト一本がたまたま先に終えていた石毛さんのタイムを抜いてしまったのです。そこは負けず嫌いの石毛さんです。「裕紀に負けたままでは終われない」と言い出し、もう一本走ることになりました。

余談になりますが、自分の名前を名字で呼ばれるか、下の名前で呼ばれるかは大きな違いがあると思います。このとき「裕紀」と呼ばれたことをうれしく感じたのを覚えています。石毛さんとの距離がぐっと縮まったように感じたのです。私もこれ以後、気になる後輩には下の名前で呼ぶように意識しました。

じつはこのダッシュが、私のレギュラーへの道につながっていくのです。石毛さんはその一本で太もも裏の肉離れを起こしてしまいました。二日後にはオープン戦が始まります。当然、石毛さんは間に合わず、私がスターティングメンバーで出場することになりました。そのオープン戦でホームランを四本放ち、開幕戦を八番セカンドで迎えることができたのです。

このエピソードは、私のホークス時代、まだ若くてレギュラーをとれていない選手を食事に誘ったときなどによく話してやりました。私が一年目からずっと、何の苦労もなくレギュラーを守っていると思っている選手が多かったので、この「紙一重」の話をしてあげると、真剣に耳を傾け、「俺にもできるかもしれない。チャンスをつかみたい」という姿勢になって聞くのです。

ただ「そういうチャンスは待っていても来ないし、正当な努力を続けられない人間には来ないんだよ」と教えてあげます。

正当な努力というのがポイントで、闇雲にバットだけ振ればよいというのではありません。やっぱりバランスが大事ですから、身体を鍛えたなら心も鍛える、そして頭も鍛える、とやっていかないと人は成長しません。

私は一年目の手帳にこんなことを記していました。新人合同自主トレ期間の、一九九四年一月二十四日のメモです。

「人生、成功するかしないかは自分の心（気持ち）次第である。神というものは自分の心に存在する。言い換えれば気持ちを左右するのは頭であるため、すべては考え方によりよい方向づけがなされる。小久保裕紀を百パーセント信じる。そのために練習し努力するのである。常に口に出して自分に言い聞かせることが必要である」

多分、そのときに読んでいた本に書いてあった言葉を自分なりに解釈して書き留めたのだと思いますが、こういう意識で努力するのと、ただバットだけ振るのとでは、少しずつ差が出てくるのではないかと思うのです。

私はメモ魔です。毎年新しい手帳を購入しています。このメモをご紹介しながら補足説明を加えるだけでも、本一冊分は書けそうですが、本筋とは違うのでまた別の機会に譲りましょう。ただ、私の野球人生において外せない言葉などはこれからご紹介していきたいと思います。

私の二年目。たしかに石毛さんとポジションはかぶっていました。セカンドで試合に出るのはどちらかひとりです。しかし、そんなことを超えたところで、石毛さんにはたくさんの貴重なアドバイスをいただきました。

石毛さんからの助言で、非常に役立った言葉があります。石毛さんと言えば、広岡達朗監督、森祇晶《まさあき》監督率いる西武ライオンズの黄金期を、持ち前のリーダーシップでまとめあげていた人物です。一九八〇年代前半から九四年にかけてです。特に八六年からは九年間で八度の優勝。信じられない強さです。その石毛さんから言われました。

「リーダーになる人間は、そこから逃げることはできない。リーダーとは周りが決めるもの。将来、裕紀も間違いなくリーダーとして周りを引っ張ることになる。逃げないでそのつもりで取り組め」

私がリーダーとしてやっていけると感じてくれていたのでしょう。まだ入団二年目の若造には身に余る言葉でした。

プロ入り後にまず思ったこと。それは、「これでやっと自分の野球のことだけを考えることができる。プロは個人事業主なのだから、全体を考えなくても、個々のレベルアップのことだけやればよい」。そう考えました。

じつは石毛さんもプロ入り直後には、そのように思っていたようです。それが、その気持ちを見透かされていたかのように、「おやじ」と慕っていた、根本陸夫さんから、ちょうど石毛さんが私に話してくれたのと同じようなことを言われたらしいのです。

石毛さんからいただいた言葉のおかげで、リーダーとしてどうあるべきかということを意識してプロ野球人生を歩むことができました。

選手会長やキャプテンをさせてもらったことは、私にとってプラスだったことは言うまでもありません。リーダーとして何を意識したのか、若い選手に何を伝えたのかは後の章でじっくり書きたいと思います。

二年目のシーズン

ポジション争いのライバルである石毛さんのアクシデントという要因があったにせよ、私は何とかルーキーイヤーに続き、二年目も開幕スタメンに名を連ねることができました。チームが積極的に補強を続ける中で、その座を手に入れることができたのは、ウインターリーグでのチャレンジが実を結んだ結果とも言えます。

開幕戦の相手は西武ライオンズでした。八番セカンドで迎えた第一打席、郭泰源《かくたいげん》さんからレフト前ヒットを放ちます。当時の郭泰源さんと言えば、西武のローテーションピッチャーの中心。前年に自身二度目の最高勝率のタイトルを獲得するなど西武のエース格です。ファーストベース上で、今季の俺は違うんだと強く思ったのを覚えています。

ホークスの王監督としての初めての試合は、初回、ケビン・ミッチェル選手の満塁ホームランなどで得点し、見事勝利を収めることができました。

ケビン・ミッチェル選手と言えば、推定年俸四億円で獲得した現役バリバリのメジャーリーガーです。しかし、故障が多く試合も欠場が増え、二度にわたる無断帰国などですぐに解雇となりました。この年、主力選手にけがや故障が相次ぎ、クリーンナップを打てる選手がいなくなりました。

そしてついに五月二十六日、対近鉄バファローズ戦（西京極《にしきょうごく》球場）で四番デビューを果たします。試合直前に四番を打っていた吉永幸一郎さんがけがをし、急遽四番に入ることになったのですが、それを聞いた瞬間に緊張が始まり、一打席目は足が震えてしまいました。

それまでも三番や五番などのクリーンナップを打つことはありましたが、やはり四番は特別だなと感じた試合です。ライト前ヒット一本という結果です。結局、その日限定の四番でした。

プロ一年目、二年目は、下位打線を打つことが多かったので、当然バントのサインが出ることも多々ありました。アマチュア時代には、ほとんどバントをする機会がなかったので、決して上手とはいえないレベルでした。

ある日の試合で、ノーアウト一、二塁で打順が回ってきました。当然サインはバントです。ここでピッチャーの前に強いゴロが転がってしまい、ダブルプレーになりました。このミスから相手チームに流れが行き、逆転負けです。チームの勝利に関わる、大きなミスを犯してしまいました。

先ほども言ったように、アマチュア時代はほとんどバントをしたことがありません。

プロに入ってもバントのサインが出ない選手になりたいと思っていました。しかし、当時の私には、まだそこまでの実力がありませんでした。そして、サインが出たからにはプロとして必ず成功させなければなりません。私が試合に出るにはバントの習得が必要だと痛感しました。

福岡ドームの奥にはマシーンが置いてあり、バッティング練習ができる場所があります。その日の試合後、マシーンを相手にひたすらバント練習をしていました。時間はすでに夜の十一時は回っていたと思います。

そこにひとりの先輩が現れました。後にオリックスの監督や千葉ロッテのヘッドコーチを務めた森脇浩司《ひろし》さんです。もちろん当時はまだ現役選手で、私とチームメイトだった現役の晩年のころは、主に守備固めで起用されることが多く、バントや右打ちなど小技が上手な選手でもありました。

その森脇さんが、横に来ていっしょに練習しながら、バントの仕方やコツなどを教えてくれました。また最後には、ピッチャー役までしてくれました。納得するまで練習すると時間を忘れるものです。終わったのは深夜零時を回っていましたが、最後のボール拾いまでつき合ってくれました。

森脇さん自身は、このころ、「もうそろそろ現役は引退かな」と感じていたそうですが、私は同じ現役選手なのにここまでしてくれたことに、感謝の気持ちでいっぱいになりました。

前述した、「イップス」にかかっていたときも、唯一、森脇さんには気を遣わずに投げることができました。どこに投げても嫌な顔ひとつせずに投げ返してくれるからです。私も後輩に対して、同じようにしようと思ったのも森脇さんのおかげです。

この日を境に急にバントが上手くなったわけではありません。しかし、試合での成功率がどんどん高くなったのは事実です。これを書いている二〇一二年シーズンにも三度成功させましたが、バントに自信を持てるまでになっていました。練習に練習を積み重ねて、ゲームで成功すれば自信につながります。試合での成功体験なくして選手の成長はありません。

私の現役時代はクリーンナップを打つことが多かったので、あまりバントをしたことはありません。しかし、クリーンナップを打つ前は、このような経験をしてきたのです。

五月に初めて四番を経験した私は、以降も順調に成績を残していきます。野球人生で、このプロ二年目の一九九五年のシーズンほど楽しかったことはありません。やればやるだけ賞賛され、ファンが増え、街で気づかれることも多くなりました。人間、人から認められたいという欲求は必ず持っています。「一流」と言われたいという欲求を満たしてくれたのは、初めてのオールスター出場でした。ファン投票での選出ということもあり、ファンの方々からも認められたんだという喜びが、身体の奥から湧き上がってきました。

あのオールスター初出場の感激と感動、また緊張は忘れられません。自分がこんな舞台に立っていてよいのだろうかという気持ちもありました。当時の広島市民球場で行われた第二戦では、阪神の古溝克之《かつゆき》投手からのホームランを含む三安打を放つ猛打賞の活躍でした。この試合で優秀選手にも選ばれて、初出場のオールスターは思い出に残るものとなりました。

オールスターには、その後十回以上出場させていただきましたが、残念ながら初出場時以外の記憶はほとんど残っていません。逆に「初」とつく経験は、私にとってプロの世界で生きてきた証《あかし》となって、思い出に残っています。

ホームラン王

そして、二年目のシーズンで初めて、ホームラン王のタイトルを獲得することになります。二十八本という、ホームラン王の記録の中では少ない数字でしたが、たまたま、ホームラン王では常連の外国人選手の不調もあり獲得できました。

シーズン終盤はタイトルがほしくてほしくてたまりませんでした。まさに欲の塊のバッティングになっていたのでしょう。必要以上に大振りになり、力任せのスイングになっていたと思います。

その姿を見かねたのでしょう。石毛さんから「裕紀、みっともない姿を見せるな。普通に今まで通りプレーをすればタイトルはとれるぞ」とおしかりを受けました。チームは優勝から大きく遠ざかり、個人記録しか考えていない姿は本来の野球選手の姿ではありません。ただ、このときは何が何でもタイトルをとりたいと思っていました。まだ優勝争いを知らなかったため、ひとりのプロ野球選手としての地位を確立していくのに懸命な段階でした。優勝に勝る喜びはないと知るのはもう少し後のことになります。

二年目の最終成績は打率二割八分六厘、二十八本塁打、七十六打点。パ・リーグ本塁打王、ベストナイン（セカンド）、ゴールデン・グラブ賞獲得というものでした。

ボールを遠くへ飛ばす

さてここで「ボールを遠くへ飛ばす」というこだわりについて書いていきたいと思います。

プロ入り直後のメモにこのようなことが記されていました。

「三割、三十本、三十盗塁を達成できる選手になる」

実際、この二年目のシーズンは盗塁数十四を記録し、前年より大きく増やしています。しかし、徐々に目標設定が変わってくるのです。シーズン後半から四番に起用されたこともあり、盗塁というのは数字の目標として挙げなくなりました。もちろん、次の塁を盗む姿勢は現役十九年間変わったことはありませんが、実際にリスクを冒して盗塁を試みるケースは減っていきました。

王監督との出会いもあり、また二年目にしてホームラン王を獲得できたことも重なり、どんどんボールを遠くに飛ばすことにこだわり始めました。

王監督からは、「とにかく練習では楽をするな、強く振れ」と徹底的に指示されました。今日より明日、明日より明後日、一ミリでもボールを遠くに飛ばせるようになるんだ。そんな教えを受けながら毎日練習に取り組みました。

よく、バッティングの基本はセンター返しだと言われます。たしかにその通りで、試合ではセンター方向に意識があるほうがヒットの確率は高くなります。

しかし、王監督から、練習時にセンターに返せと言われたことはありません。それどころか、右打者の私で言うならレフトのポールよりもっと左側に打てと言われます。最初から完全にファールです。

どういうことかというと、そのくらい身体を使ってバットを振ることにより、身体の「キレ」をつくりなさいということです。レフトポールの左側に打つにも、ただポイントを前にして打っても意味がありません。それではフォームを崩します。なるべくボールを引きつけてから、身体の軸回転、キレを使って引っ張るのです。

もちろんこの練習を毎日行うわけではありませんが、試合で狙っているストレートをファールにしてしまうことが増えたり、スイングスピードが鈍いと感じたりするときなどに取り入れました。初めて聞いた方はびっくりすると思われますが、私はその練習方法を取り入れておいてよかったと思います。

突然スイングが遅くなり、ストレートとわかっていても、前に飛ばなくなる、そんな現役時代終盤の選手をたくさん見てきましたが、私がそうならなかったのは、最後まで身体を使ったスイングをして、キレということを意識したからだと思います。

私はプロの中では特別に身体が大きいほうではありません。その私がなぜボールを遠くに飛ばすことができたのか？

このルーツをたどると、高校二年生のときまでさかのぼらなければいけません。高校時代はピッチャーだったことはすでに述べましたが、この一時期だけは打撃改造期間として時間をつくりました。

じつは高校二年生から現役を引退するまで、基本となるバッティングフォームはほとんど変わっていません。この高校二年生のときに急激に飛距離が伸びたのです。身長こそ百八十センチ近くありましたが、痩せ形です。そんな身体でも飛距離を伸ばすには、今持っている筋力を無駄なくボールに伝えることが大事だと思ったのです。

このことに気づき、バッティングフォームを大幅に変えたのと同時に、考え方も変えました。それまでは「筋力があり、身体が大きくなければボールは飛ばない」と思いこんでいました。たしかに理想は、筋力トレーニングなどを継続的に行いながら、肉体を改造し大きな身体にすることです。しかし、すぐに変化が現れるわけではありません。だったら今ある筋力を効果的に使うにはどうしたらいいかを考えたのです。

そこで出た答えは、「ミートポイントに、今ある自分の筋力を集結させる」ということでした。ここはボールを遠くに飛ばしたいと思っている選手には参考になるので、よく読んで、イメージを膨らませてくださいね。大まかなイメージをお話しします。

私が意識したのは窮屈にスイングすること。なるべく身体に近いところでボールとバットが当たるようにします。両腕が伸び切ったところでボールを打つのではなく、少し肘が曲がったところで打つのです。

お相撲さんが腕を伸ばしたまま押しこむ姿はあまり見ません。脇をしめて肘が九十度に曲がった状態で、身体ごと押しこんでいます。まさにあのイメージです。ボールとバットが当たる瞬間はやや猫背で丸まるイメージで腹筋を意識。当たった後は背筋を反らせるイメージで、ここは背筋を意識します。

私はポイントを近くして、そこから押しこむという打撃理論でここまでやってきたのです。

なぜポイントを近くして打っていたのか。ポイントが前だとたしかにボールは飛びます。しかし、前で打つにはピッチャーが投げた球種、コース、高さの判断も早くならざるを得ないので、ボール球まで振ってしまう。当然、ミートできる確率が低くなります。ポイントが近いとボールをぎりぎりまで呼びこめるので、ボール球を振る確率が低くなるのです。

今のように変化球全盛の時代では、なるべくボールを引きつけて打つことが必要になると思います。打撃理論は人の数だけあると言っても過言ではありません。そんな中から自分に合った理論を見つけるのは至難の業です。私の理論が全員に合うはずもありません。しかし、今の自分の筋力を無駄にしないという発想は誰でも持つことが可能です。

私の現役時代のことですが、ホームランを打った後の姿が印象的だ、と度々おほめの言葉をいただきました。高校二年生からあのフォロースルーでした。よく谷口先生に肩より下に振れと注意されましたが、このフォームだけは貫き通しました。

ボールを上から叩き、ミートした後はバットをそのまま撥《は》ね上げます。「V字打法」と勝手に命名していました。独特のフォームになりましたが、ファンの方々の印象はよかったみたいです。このフォームのシルエットは自分のロゴマークにして使用していました。

打撃理論を言葉だけで表現するのは難しいです。もっとボールを遠くに飛ばしたいと思っている選手に、今後詳しく打撃理論をお伝えする機会があればいいですね。

少し話がそれたので本題に戻しましょう。

二年目にしてホームラン王を獲得したオフシーズンは、たくさんの取材依頼が入り、またいろいろなところでお祝いをしていただきました。プロ野球に携わる方々が一堂に集まる、プロ野球コンベンションでも表彰していただき、まさにスター気分です。

ちょうど一年前にハワイ・ウインターリーグから帰国したときの環境とは雲泥の差です。

まだ、二十四歳。有頂天で、まさに天狗《てんぐ》の状態です。恥を承知で告白しますが「地球は俺のために回っている」くらいの勢いでした。年俸も一気に四倍の六千万円まで上がりました。当然、オフの練習量は落ち、シーズンの疲労は抜けるどころか、違った意味の疲労が蓄積されていきました。福岡に二年も住めば知り合いも増えます。飲み会が増え、ゴルフにも出かけ、練習らしい練習は全くしませんでした。勘違いも甚だしいです。

スランプ

そのような状態で、一九九六年の春季キャンプがスタートしました。キャンプも順調に進み、今シーズンの新たな目標を設定し、自信満々でシーズンに臨みました。

プロ三年目は開幕四番です。ところが、開幕から思ったような成績が残せずに、俗に言うスランプ状態に陥りました。前年のよかった時期のバッティングフォームを取り戻そうとビデオを見て研究したり、もちろんシーズン中にも特打ちをしたりして状態を上げようと努力しました。しかし何をしてもなかなか状態は上がってきません。

ついに自信満々だった自分はいなくなり、弱気な自分だけになってしまいました。ちょうどこのころ、師と仰いでいた中学時代の監督と、いろいろなことが重なり疎遠になりました。これまではプロ入り後もほとんど毎日連絡を取り、その日のバッティングについてのアドバイスをもらっていたのが、誰も聞ける人がいなくなってしまったのです。

何かにすがりたいと思っていたこの時期に、全く別のルートで同じ本が二冊私の元に届くということがありました。今までの人生を振り返っても、自分で購入したわけでもなく、同じ本が二冊も手に入るなんてことは、このとき以外ありません。これを読みなさいというメッセージだと確信しました。

その本の題名は、『エヴァへの道』（ＰＨＰ研究所）。経営コンサルタント・船井幸《ふないゆき》雄《お》先生の著書です。ぱっと見て読む気がなくなりそうな、分厚い本です。しかも読み始めても、野球に役立ちそうなことは何も書いてありません。正直なところ、途中で何度も読むのを諦めました。

多分、二冊手元に届いたという事実がなければ読んでいなかったと思います。この偶然は絶対何かあると半ば自分に言い聞かせながら読み進めました。すると、中盤くらいからおもしろくなり始めたのです。後半は興味深く読み進めることができました。そうすると、不思議なもので、もっと何か読みたくなります。

ちょうど、『エヴァへの道』の中で、いろいろな方々の著書が紹介されていたので、それらも片っ端から購入しました。「次に何を読もうか？」と迷う暇がないほど、手元には常にそれらの本がありました。

今でもそのころ買いあさった本は和歌山の実家に所蔵しています。本棚にはハードカバーを中心に、文庫本も合わせて千冊以上はあります。帰省したときにたまに倉庫をのぞくと、よくもまあこんなに買ったもんだと我ながら感心します。しかも、すべて読破しています。

この『エヴァへの道』で出会った言葉、これが私の人生の支えになりました。

「必然、必要、ベスト」という言葉です。

人生で自分に降りかかってくるできごとは、すべて必然で必要であり、ベストなことである。人生に無駄はない。もちろんこの本を読んですぐにそのような考え方になったわけではありません。今でこそ「波瀾《はらん》万丈、どんとこい」という心構えになっていますが、二十四歳では無理な話です。ただ、これだけ打てないことも自分にとっては、「必然、必要、ベスト」なんだと思うことにしました。暗い顔をして、落ちこみ、ネガティブな考えだった自分が、この言葉のおかげで前向きな自分に変わることができたのです。今振り返れば、このプロ三年目のスランプのおかげで得たものははかり知れません。今の人生観ができあがった、基礎の一年となりました。

イチロー選手

このシーズンは全く満足のいく成績を残していないにもかかわらず、二年連続ファン投票で選出され、オールスターに出場しました。このオールスターで忘れることのできない会話があります。

七月二十日第一戦、福岡ドームで行われる試合前の練習中のことです。私とイチロー選手は共通の仲のよい後輩・林孝哉選手（現・北海道日本ハムファイターズヘッドコーチ）といっしょに、たまに食事に行く間柄になっていました。仲よくいっしょにランニングをしながら何気なく聞きました。

「イチロー、モチベーションが下がることはないの？」

「野球で、ですか？」

「そう。俺、去年ホームラン王がとれてしまったやろ。何かパ・リーグで一番になったことで、次の目標がはっきりしないのよ」

「小久保さん、数字を残すために野球やっているんですか？　僕は野球を通じ、胸の奥にある石を磨きあげたいんです。数字だけ残ったって意味がないと思うんです」

彼は右手を胸に当てながらそう話してくれました。ダイヤの原石も磨かなければ、見た目はただの石ころです。野球を通して磨くという作業をやり続ける。自分の魂、心、人間力を磨く。これが彼から教わったことです。

彼は私より二歳年下で、そのとき二十三歳です。三年連続首位打者に向け驀進中《ばくしんちゅう》だった彼の言葉に、「穴があったら入りたい」という表現がぴったり当てはまる私がいました。ご存じの通り、このエピソード以降もイチロー選手は、日本球界、メジャーリーグで数々の記録を樹立し、メジャーのスーパースターとして活躍しました。そんな世界でも数字を残している選手の言葉だけに、今の私が振り返っても彼の考え方には感心するばかりです。

現役時代のある年のシーズンオフ、暮れも押し迫るころに彼といっしょにゴルフをする機会があり、そのまま夜は食事をともにしました。神戸にある行きつけの「たん平」で牛たんを頬張りながら、「あのときの会話のおかげで目が覚めた。その後、結果を残すことと同時に、人として成長しようと思うようになったよ」とお礼を伝えたのですが、彼はそんなことは覚えていませんでした。

それどころか、

「そんなことを覚えているなんて、小久保さん、僕のファンですね。僕のこと、好きでしょう」

と無邪気な笑顔で笑っていました。

イチロー選手のこれまで残した前人未到の記録の数々は、私にとって不思議でも何でもありません。残るべくして残った数字であり、彼の信念の強さを知る私には必然であると言い切れます。今なおチャレンジし続ける彼の生き様に心から敬意を払いたいと思います。二〇一二年、よく行く東京・立川《たちかわ》にある焼き鳥屋さんに彼が書いた直筆の色紙が飾ってあるのを見つけました。色紙の言葉をご紹介します。

「人は必ず障害に出会う。誰もが負けそうになる。そこで頑張れる人間になりたい。前向きな姿勢で夢を持って歩いて行きたい。

イチロー」

人は誰と出会うかで人生が大きく変わります。私は彼との出会いに感謝します。

走塁

私の野球人生において、走塁に関しての意識は非常に高かったと思います。意外だと思われる方もいらっしゃると思いますが、担当の走塁コーチや野球通の新聞記者からはある程度高い評価をもらっていました。

読者の皆さんは、走塁といえば「盗塁」をイメージされる方が多いのではないでしょうか？　もちろん盗塁も走塁の中に含まれます。

「走攻守がそろった選手」という言葉が野球で使われますが、「走」は足が速く盗塁ができる選手というイメージですよね。しかし、私は足が特別速くない選手でも「走攻守、三拍子そろったプレーヤー」という評価を下すことがあります。

それは走塁ということを幅広くとらえているからです。野球というスポーツは点取りゲームです。相手より一点でも多く取れば勝ち。要はホームベースを数多く踏んだチームが勝利を収めることができます。

だからホームベースを踏むために、ひとつ先の塁を狙う走塁が必要になってくるのです。その「ひとつ先の塁を狙う」という意識の中に、当然、盗塁も含まれますが、あくまで、その手段のひとつという位置づけです。

ではまず盗塁についてお話ししましょう。盗塁は基本的に、もちろん走塁のタイムが速い選手が有利です。例えば、ランナー一塁の状況で二塁への盗塁を試みるとき、私より、盗塁王にも輝いたこともあるホークスの本多雄一のほうが圧倒的に成功する確率は高いでしょう。

盗塁で大切になってくるのが、リードの大きさ、スタートを切る勇気、トップスピードに入るまでの速さ、スライディングです。盗塁が成功するかどうかは、ほとんどの場合、紙一重の差。スライディングが速く、姿勢が低い選手は審判の目にもセーフと映りやすいものです。

盗塁を試みるホークスの選手たちは、シーズン中でも毎日スライディング練習を欠かしません。スライディングの速さで言えば、イチロー選手、現役選手では千葉ロッテマリーンズの荻野貴司選手がトップクラスとして挙げられます。

私はファーストを守っていたので、ランナーのスタートが速いか遅いかがすぐにわかります。荻野選手は決してよいスタートばかりではありません。スタートを切った瞬間にこれはアウトだなと思っても、トップスピードからスライディングにかけてのスピードが落ちないため、セーフになるのです。彼には何度もびっくりさせられました。

この技術的な要素以外にも大切なことがあります。相手投手の癖を研究したり、配球を勉強したりすることです。これも私がファーストだったので気づいたのですが、じつは何度も牽制球を受けているうちに、味方のピッチャーがどのタイミングで牽制球を投げてくるかだいたいわかるようになりました。

だから、はっきりと癖が出ているピッチャーには、牽制のときだけ足幅が大きくなるとか、首の動く回数が多くなるというふうに、その癖をよく教えてあげました。人間のすることなので、どんな投手にも大なり小なり、癖というものがあるのです。もしその癖を見抜けたら、盗塁のスタートを切るうえで相当有利になるので、相手ピッチャーの癖を見つける努力は必要でしょう。

また、配球に関しても、ストレートより変化球のときに走ったほうが、投球の球速が遅くなるぶん、成功率は上がります。だから選手たちは「このカウントではチェンジアップが多いな」などと研究するのです。闇雲にただスタートを切るだけでは、いつまでも成功率は上がりません。

このように盗塁を成功させるためには、いくつもの技術的要素があります。ただし、一番ウェートを占めているのは、やはり、足の速さでしょう。盗塁をできる選手はどうしても限られてきます。しかし、足が特別速くなくても走塁の意識を高く持つことによって、チームに貢献できるということもあるのです。

まず心構えとして、走塁に興味を持たないと上手になりません。当たり前のことです。「俺は足が遅いから走塁なんて興味ありません」では、チームプレーである野球をする資格はありません。足が遅くても走塁で役に立てることがあるのです。

私が塁に出てはじめにすることは、イニング、点差、アウトカウント、次打者、相手外野手の守備位置と肩の強さの確認。最低これだけは頭の中で事前にチェックします。

選手が二塁ランナーのとき、スコアボードをながめ、相手の外野手をぐるっと見回している姿を見たことがありませんか？　これはそのような確認をしているのです。この作業をすることによって、判断ミスが少なくなったり、アウトカウントを間違うような凡ミスをなくしたりできます。相手外野手を頭に入れておけば、自分の足の速さ、打球の速さで瞬時に判断することができ、次の塁に行ける確率が高くなるのです。

二塁のランナーが、ヒットでホームに行くか止まるかは三塁コーチャーの指示がある場合がほとんどですが、一塁ランナーがサードに行く判断は自分でします。一、二塁間をゴロで抜けている打球に対して、三塁コーチャーを見る一塁ランナーを見かけますが、これではだめです。前述したようなことを怠らずに準備していれば、自分で判断できます。

スタートをよくするためには、瞬時の判断力を養う訓練が必要です。練習時から打球に対する反応力を高めます。技術的なことを言えば、「シャッフル」といってバッターのミートポイントに合わせて、サイドステップのように横に跳ぶプレーがありますが、この訓練が最も効果的です。

どれだけ判断力を養っても、シャッフルのタイミングの合っていない選手はよいスタートを切れません。ノーアウト二塁でバントのケース。バッターがボール球でバットを引いているのにもかかわらず、ランナーが飛び出してタッチアウトになることがありますね。これはほとんどシャッフルのタイミングが合っていないのが原因なのです。このように足が遅くてもやれることはたくさんあります。まずその意識を高めることが大切でしょう。

二〇一一年の日本シリーズ、対中日ドラゴンズ第四戦。初回、私のタイムリーヒットで一点を先制しました。ワンアウト一、二塁で続く松田宣浩《のぶひろ》がセカンドゴロ。一塁ランナーの私は頭の中でいつも通りの準備を済ませていました。

それにもうひとつ、頭の中で、

「内野ゴロなら二塁に強めのスライディングをしよう」

ということもつけ加えていました。

もちろん併殺を崩すためです。そして準備していた打球だったので、二塁ベースではなく、ショートを目がけてスライディングしました。それが理由かわかりませんが、ショートがファーストに悪送球し、二塁ランナーが一気にホームに帰り、二点目を追加。結局この試合は二対一のスコアで決したので、その二点目は大きかったことになります。

次の日のスポーツ紙に、悪送球につながったショートの選手の写真がでかでかと載っていました。その下に写っている私のスライディングしている場所は、二塁ベースとはほど遠いアンツーカー（ベース周りの土の部分）と人工芝の切れ目でした。このプレーも「走塁」の中に含まれます。

盗塁のようにわかりやすいものではありませんが、このような部分をしっかり評価できることは大切だと思います。足が決して速いとは言えない選手でも、しっかり評価を与えてあげることによって、興味も出てくるでしょう。

高橋慶彦コーチ

少し専門的になりすぎてしまいました。

ここで走塁に関する私のエピソードをご紹介しましょう。入団二年目のことです。当時の走塁コーチは高橋慶彦《よしひこ》さんです。オフにゴルフをごいっしょさせていただいたりして、かわいがってもらっているので、いつも通り、慶彦さんと呼ばせていただきます。

私の走塁に関する意識が高くなったのは、慶彦さんのおかげです。王監督一年目に、走塁コーチとしてホークスに招かれました。

まだ若く、血の気の多かった慶彦さんは怖い存在でした。ランナー一、二塁での一塁走者は、アンツーカーから両足が出るリードを取っていても、一塁コーチャーズボックスの慶彦さんから「もう一歩、まだ行ける。あと半歩！」と声がかかります。いつ牽制で刺されるかヒヤヒヤものです。「責任は俺が取るから」と言いながら、どの選手にもリードを大きく取るよう指示していました。

慶彦さんが、ランナーにそう指示していたのは、チーム盗塁数を増やして、自分の評価を上げるためではありません。

例えばバッターが三遊間の深いところにショートゴロを打ったとしましょう。当たり前ですが、ショートの送球がファーストに達する前に一塁ベースを駆け抜ければ、内野安打です。しかし、もし一塁にランナーがいたら、同じ打球を放っても、内野安打の可能性はぐっと下がります。相手チームのショートにとっては、一塁よりも近い二塁で、ランナーをフォースアウトにするチャンスができるからです。

慶彦さんは、「そんなショートゴロの深い打球なら、なんとか二塁でセーフになってやれ」という意味で指示をしたのです。もちろんチームのチャンス拡大のためでもあります。そしてバッターのためです。ショートのプレーがロスなく完了して、なおかつセーフならば記録はヒットになります。ランナーに「打者にH（ヒット）ランプをつけてやるんだ」という気持ちを持たせるためでした。

また、ランナーがホームベース手前で、走るスピードを緩めるのを見つけると、コーチャーズボックスから殴りかからんばかりの勢いで怒鳴り散らしていました。これは絶対にあってはならないプレーのひとつなのですが、私の現役中も何度か目撃したことがあります。

例えば、ツーアウト一、二塁でライト前ヒットが出たとしましょう。二塁ランナーが三塁を回り、タイミング的には悠々セーフという場面です。ライトはバックホームを諦め、一塁ランナーが三塁に行くのを刺しに行きます。そこで、二塁からホームに向かった走者が、ライトがバックホームしてこないのを見て、スピードを緩めてしまいました。ホームインより先に一塁ランナーが三塁でタッチアウトになれば、得点は認められません。

慶彦さんはこのプレーだけは一生に一度でもあってはならないと強く言い続けました。何も難しくない、当たり前のプレーです。プロ野球でする話かとおしかりを受けそうです。しかし、スピードを緩めてしまう選手がいることも事実です。

走塁に興味を持たせてくれた慶彦さんに感謝しています。「興味」というより、「恐怖」が理由でやる部分もありましたが！

プロは結果がすべて

かなり長くなりましたが、今までの部分は前置きです。これからお話しするエピソードにはふたりの方の名前が出てきます。慶彦さんと森脇浩司さんです。夜中までバント練習につき合ってくれたあの先輩です。

対戦相手など詳しいことは覚えていません。ある試合、ワンアウト二塁でのできごとです。ノーアウト二塁とワンアウト二塁では準備が異なります。私が二塁ランナーです。セオリーとして、ノーアウトの場合、外野にフライが飛んだらタッチアップに入ります。ワンアウトの場合はベースから少し離れた場所で打球を判断します。この場所をハーフウェイと呼びます。

このときも、セオリー通りにプレーすることは、直前に一塁コーチャーの慶彦さんと確認済み。ワンアウト二塁だったので、ハーフウェイで打球を見ながら、ヒットなら一気にホームに帰ってやろうと思っていました。しかし、思いが強すぎて二塁ベースから飛び出してしまいます。打球はノーバウンドでキャッチされ、私は二塁に戻れず、ダブルプレーになりました。

試合後、このことで慶彦さんに殴られはしませんでしたが、それに近い怒られ方をしました。たしかにダブルプレーを食らった私が悪いのは頭ではわかっています。しかし、私としてはホームに帰ってやるという、積極的な姿勢から生まれたミスなので、この怒られ方には全く納得できませんでした。

無性に腹が立ち、悔しくてロッカーでひとり泣いていました。小一時間経ち、シャワーを浴びて帰りの支度をしていたときです。ブルージーンズの右ポケットに白い紙が入っているのに気づきました。開いてみると森脇さんが書いたメモのようでした。

「プロは結果がすべて」

このひと言だけ書かれていました。どうしようもない、やるせない気持ちが、このひと言で吹っ飛びました。このときのことは本当に感謝しています。

二〇一二年の日本シリーズ第五戦、巨人対日本ハムの試合のゲスト解説に行ったときのことです。試合後、食事をしていたところに、ジャイアンツ時代にかわいがっていた後輩の矢野謙次がジャイアンツのほかのメンバーとあいさつに来てくれました。鈴木尚広《たかひろ》選手、長野《ちょうの》久義《ひさよし》選手、山口鉄也投手がいっしょでした。矢野謙次が長野選手に、私のことをしきりに話しています。

「俺は小久保さんに救われた」

少し席が離れていたので話のすべてを耳にしたわけではありませんが、そこははっきり聞こえました。

ジャイアンツでともにプレーしていたころ、矢野謙次が納得できない理由で二軍落ちしたことがありました。

彼は怒り、泣きながらロッカーで暴れまくっています。これは今話すのは無駄だと思い、帰りに彼のズボンのポケットに、

「プロは結果がすべて」

と書いたメモを放りこんでおきました。

そうです、森脇さんにしてもらったことをまねしたのです。そのときのことを、矢野が長野選手に一生懸命に聞かせています。

自分が先輩からしてもらってよかったと思えることを、後輩にしてあげただけです。ただ、矢野が当時の自分と同じように感じてくれていたことをうれしく思いました。

入団2年目の1995年、本塁打王に輝いた。写真は8月、23号本塁打を放ったときのもの。

第4章

メンタルトレーニングと読書

野球に参考になること
すべてを試したくて

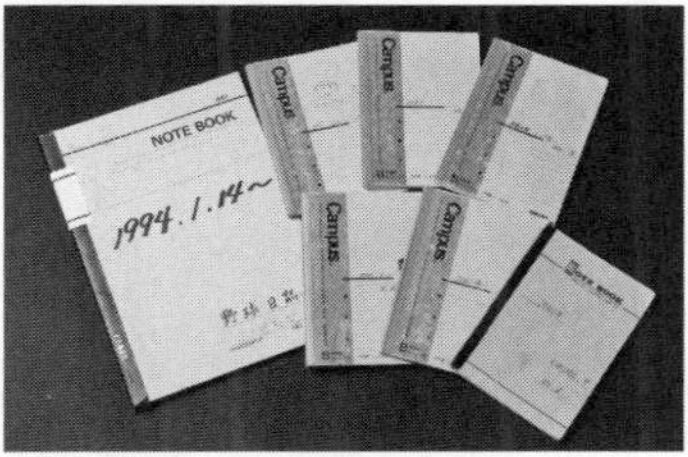

著者が選手時代に書き続けたノート類。

ミッドα波

私は、決して順風満帆な野球人生を歩んできたわけではありません。度重なるけがに手術、極度の不振など、よいことのほうが少なかったかもしれません。

そんな状態でも、どうすれば前向きに生きられるか、困難を乗り越えられるかを考え、たどりついたのが、メンタルトレーニングと読書だったのです。野球に参考になるものなら何でも取り入れるという気持ちでした。

この章では、そういったところを中心に話を進めていきます。

まずはじめに、私のメンタル面での強化をサポートしてくれた方をご紹介します。

志《し》賀《が》一雅《かずまさ》工学博士です。能力開発研究所の相談役であり、イプラス能力開発トレーニング協会の会長でもあります。志賀先生は日本における脳波研究の第一人者です。日本で最初に「α波」を三種類にわけ、ファストα波、ミッドα波、スローα波の質的な違いを提唱された方です。著書も多数出版されています。さまざまな企業でメンタルトレーニングを行ってきた実績もあります。

二〇〇〇年のシーズン中のことです。当時はまだ日本ハムファイターズは東京ドームが本拠地でした。日本ハム戦のために東京に行った際、目白にあった志賀先生の事務所を訪れました（現在は移転）。

まず、頭に何やらあやしげな装置をつけられ、目をつぶるよう言われました。人生初の脳波測定です。その脳波を測定する機械も志賀先生が発案、開発したものです。私の脳波はひと言で言うと、「ごちゃごちゃしている」とのことでした。装置のモニターを見ると、いろいろな色が入り交じっています。

先生はいろいろな方の脳波を測りに、どこへでも出かけます。将棋の故・米長邦雄永世棋聖、円周率の暗誦の世界記録保持者だった友寄英哲《ともよりひであき》さん、野球界の落合博満さんはじめ、空手の達人、名バイオリニスト、ヨガの指導者、気功師などの脳波を測定したそうです。

そしてそうした研究の中から「ミッドα波が強く出ている脳波の人は能力をいかんなく発揮している」と結論を導き出したのです。ミッドα波とは筋肉の緊張を伴わない、意識が集中した状態のときに出る脳波です。

わかりやすい例を挙げましょう。好きなことや得意なことに夢中になって取り組んでいて、あっという間に時間が過ぎていたという経験は誰にでもあると思います。そのときはミッドα波が強く出ているのです。

私は理屈がわかったので、とにかくミッドα波を強く出すことに目標を置きました。この時期、「ミッドα波」の信者になっていたといっても過言ではありません。

では、どうしたらミッドα波が強く出るのか。私が志賀先生のところに通い、実際に行ったことをご紹介します。専門家ではないので、ここでは詳しいメカニズムなどには触れません。

間違った記述で迷惑をかけてもいけないので、詳しく知りたい方は志賀先生の著書『潜在脳　人生には二度の誕生がある』（ダイヤモンド社）などをご覧ください。

私は二〇〇〇年から、個人的なメンタルトレーニングの指導を志賀先生にお願いしました。私がメンタルトレーニングを必要だと感じたのは、ここ一番のチャンスに弱い自分を克服したかったからです。

普段は問題ないのですが、誰もが「ここで打ってくれ」と期待する場面ではことごとく凡退していました。原因ははっきりしています。緊張のあまり心臓がどきどきして、呼吸が浅くなり、上手く集中できないまま、打席に立つからです。「誰が見ても相手投手より私のほうが実績も実力も上」、そんな場合でも、ここ一番というところで打席が回ってくると、勝手にどきどきし出すのです。

相手投手との勝負というよりは、自分との勝負です。投げ損なった甘いボールも私のミスショットで凡打に終わることがたびたびありました。こんなことを繰り返していたのでは真の四番は務まらない。そう思いました。

入団三、四年目までは無我夢中だったせいか、自分がチャンスに強いか弱いか、なんて考えたこともありません。本塁打王、打点王を獲得した後、さらに上を目指そうという時期に志賀先生との出会いがあり、自分の弱さを克服するためのトレーニングが始まったのです。

トレーニングは主に寝る前と朝目覚めたときに行います。誰でもできるので、ご興味のある方は試してみてください。まず「歯を食いしばる」「手を強く握りしめる」「目を強くつぶる」ことをそれぞれ五秒くらい行います。自ら緊張状態をつくるのです。そして一気に緩めます。このとき、その力を入れた部分が、じーんとしてリラックスしていくのがわかります。時間にすると十秒くらいです。

その瞬間「ああ、気持ちいい。心と身体がリラックスしている」と心の中で唱えます。それを三回繰り返します。次に「手が温かい」「みぞおちの奥のほうが温かい」「額が涼しい」と思い、それを感じることに徹します。各十秒くらいです。これは自律訓練法（自己催眠法）の一部です。毎日、朝と夜に繰り返します。

二か月後くらいに再び脳波を測定しました。明らかに以前の脳波と違う波形になっていました。志賀先生の機械ではミッドα波は緑色に表示されます。その緑色の脳波が、一番上のほうに上がり始めています。達人の域にはまだまだですが、変化が起こったことは事実です。これに気をよくした私は、朝晩ほぼ欠かさずに実践しました。

十年以上やり続けた結果、プロ野球人生の終盤でやっと効果を実感することになります。このときのことは第7章に書きます。

野球では、ここ一番のチャンスが唐突に訪れることはありません。自分の打席が回ってくるまでの戦況をベンチで観察しています。ですからそのイニングに打席が回ってきたときは、どのような状況になっているか、予想できます。そこで、必要以上に緊張してきたときは、ベンチ内またはネクストバッターズサークルで、「歯を食いしばる」「手を強く握る」「目を強くつぶる」、そして「緩める」を繰り返し、自分を落ち着かせていました。

そうして迎えた打席では、よく結果もついてきました。二〇一〇年九月十八日、対埼玉西武ライオンズ戦で放ったサヨナラホームランや、二〇一一年七月三十日、対北海道日本ハムファイターズ戦でダルビッシュ有《ゆう》投手（現・サンディエゴ・パドレス）から、八回裏に放ったセンター前決勝タイムリーなどからは、メンタル面での成長を感じることができました。

緊張の後にリラックスを感じる神経回路ができあがったのです。何ごともそうだと思うのですが、すぐに手に入るようなものは、実を結びません。自分を変えたい、悩みを解消したいと思うなら根気が必要だということです。こつこつ積み重ねること以外、成功への近道はないと言い切れます。

もうひとつやったことは、眠りにつく寸前に、その日にあった楽しかったことや満足したことを思い出してから眠ることです。その際、心の中で「よかった。ありがとう」と唱えます。満足と感謝の思いで眠るのです。

　この目的は寝ている間の睡眠の質を高めるためです。人間は、寝ている動しています。寝る寸前の自分の思いによって、出るホルモンが変わってくるらしいのです。満足と感謝の気持ちを抱いて眠ることにより、ドーパミンというホルモンが分泌されます。このドーパミンがたくさん出ると、短い睡眠時間でも疲れが取れ、寝起きもすっきりするのです。

「何もよいことがないから、とてもそんな気分になれない」

　そういった声が聞こえてきそうです。どんな些細《ささい》なことでもよいのです。例えば、散歩中にアスファルトを突き抜けて力強く咲いているタンポポを見つけた。電車でお年寄りに席を譲っている学生を見て心が和んだ。最初はこじつけでもいいので、とにかくよかったことを思い出す習慣をつけます。

　そのうち、よかったことを見つける、脳のセンサーの感度が高まります。そうなればこっちのものです。どんなに悲惨な目にあっても、「この程度で済んでよかった。生かしていただきありがとうございます」と思えるようになります。

　志賀先生曰《いわ》く、これを昼間の日常の中で行えるようになれば、人生を明るく楽しく生きられる、達人クラスの仲間入りだそうです。私は長年やっているので、実際、二〇一二年のシーズン後半は「よかった。ありがとう」と思えるできごとの連続でした。

感謝の思いが泉の水のように、次から次へと湧き出る日々だったのです。

内観

私は、オフの時期を利用して、ほかの選手があまりやっていないような、修行みたいなことをしてみたいと、ぼんやりと考えていました。そのような、修行に行きたいという考えは、二〇〇〇年くらいから少しずつ芽生えてきたように思います。何か特別なことがあったわけではありません。

私は、自分の成長のためには、よいと思ったことは何でも取り入れる性格です。二〇〇二年のシーズンも特に悪い成績ではありませんでした。しかし、「自分の成長のために、まだ何かできることがあるのではないか」という興味、好奇心を強く持っていたのです。今もそうですが、自分を高めたい、成長したいという思いは、人一倍強いような気がします。座禅や瞑想のことが書いてある本も読んだことがありました。実際、志賀一雅先生のところで行うメンタルトレーニングでは、最後には必ず、先生とふたりで半跏趺坐《はんかふざ》し半眼の姿勢をとり、精神を統一する座禅を取り入れていました。

そのような時期に、志賀先生に「どこか修行できる場所を紹介してもらえないか」と相談したのです。そこで初めて「内観」という言葉に出会いました。「内観」という言葉は、「内省」という言葉とほぼ同じ意味です。辞書を引くと、「自分の考えや行動などを深くかえりみること」となっています。

内観は宗教ではありません。広い意味での心理療法の一種であり、日本で生まれた自己改善法のプログラムです。一九三〇年代に、吉本伊信《いしん》さんが「身調べ」と呼ばれていた自己省察法をもとにして創始されました。

志賀先生から、ある施設に行って自分の心の中と向き合うのだと聞きました。正直に言って、私がイメージしていた修行とは、少し違う印象を受けました。お寺で座禅を組んだり、滝に打たれたりということを、何となく考えていた私にとって、じつは拍子抜けだったのです。

しかし、志賀先生の説明を聞いていると、なかなか厳しそうです。どういうことをするのか、簡単な説明を受けました。自分で屏風《びょうぶ》を立て、囲いをつくります。畳半畳しかないスペースに一日十五時間座るというのです。しかも、一週間です。食事もその中でいただくようです。その期間中は、テレビ、ラジオ、新聞、雑誌、本などの外部の情報は一切遮断します。携帯電話も預けないといけません。ただ、ひたすら一日中、自分と向き合うというのです。

そのときは、具体的に何をするのかということよりも、一日十五時間座り続けるということのほうが頭から離れませんでした。

これを聞いた私は、なぜかチャレンジ精神が湧き上がりました。普通の人なら、そんなところには行きたくないと思うでしょう。しかし、私はあえて自分をきついところに追いこむことが好きなようです。変わり者です。志賀先生からの話を聞き終えると「やってやろう」と思う自分がいました。二〇〇二年のシーズン中の話だったので、オフになったら、「内観」をしに行く計画を立てました。

そして、二〇〇二年十二月十五日、志賀先生から紹介された、栃木県さくら市の喜連川にある「瞑想の森 内観研修所」に行くことになります。自宅のある福岡から、飛行機、東北新幹線、在来線と乗り継いで、喜連川までやってきました。予定通り、午後二時に内観研修所に到着しました。

瞑想の森はその名の通り、森の中にあります。七千坪の敷地内に、研修所として六つの棟があります。畑が数か所あり、ここでいただく食事は無農薬でつくられた、採れたての有機野菜を使ったメニューが中心です。奥のほうには池もあります。ゆっくり散策すれば、小一時間はかかると思います。

到着後、受付を済ませ、畳六畳の部屋が四つある「本館」と呼ばれる棟に案内されました。お盆休みや年末年始の内観の参加者は、数十人にのぼることもあるそうですが、このときは私を含め五人が参加していました。うちふたりは女性のため、研修する棟も別になっていました。

それから、研修所所長である清水康弘さんから、一週間の流れと、一日のスケジュールについて説明がありました。私が行う一週間の研修を「集中内観」と呼びます。続いて、内観について、具体的に何をするのか、お話がありました。

朝は六時起床です。洗顔を済ませ、簡単な掃除をします。あらかじめ、掃除の担当場所は清水所長によって決められています。決まりごととして、ほかの参加者と話してはいけません。掃除中に会っても「おはようございます」のひと言です。

そして、ふたつ折りになっている屏風を自分で部屋の角に立て、その中で六時二十分くらいから内観を始めます。屏風の中ではどんな姿勢でも構いません。用意されている二枚の座布団を自由に使い、少しでも楽な姿勢を見つけます。あぐらをかいたり、座布団を折りたたんで小さい腰かけをつくったりして工夫しました。

服装も何でも構いません。私は、上下のスウェットに、施設に用意してある羽織を着ました。十二月の寒い時期でしたが、部屋にストーブがあったので、それほど寒さを感じませんでした。

朝食は、七時半ごろに運ばれてきました。三度の食事も屏風でしきった中で、いただきます。ご飯に味噌汁、焼き魚に野菜サラダといった、普通の和食です。ご飯は大盛りですが、おかずは少なめです。野球選手の食べる量と比べて、物足りなさを感じました。しかし、炊きたての白米は白く輝いていますし、野菜も新鮮な採れたてです。おいしくいただきました。

さて、「内観」とは何をするものなのかと言えば、自分の過去を調べるものです。具体的には、まず自分のことをよく知る身の回りの人をひとり、自分で決めます。原則として、最初は「母」です。母を通じて、自分の過去を振り返ります。母に対して「してもらったこと」「して返したこと」「迷惑をかけたこと」を思い出します。自分が生まれてから今日までを、三、四年ずつに区切って、できる限り具体的に思い出します。

面接者が二時間おきに面接に来るので、調べたことを報告します。一日、七回の面接があります。私は母に対して、三年区切りで調べていきました。一日半かけて母の記憶を呼び起こしたことになります。

身体を動かすことが仕事だった私が、一日中座りっぱなしです。腰が痛くなったり、眠気が襲ってきたりして、なかなか集中できません。つい、うたた寝してしまったことも何度かありました。気がつくと面接の時間が迫っており、報告することが決まっておらず、焦ったこともありました。最初はとにかく退屈で、楽しみと言えば清水所長の奥様がつくってくださる、三度の食事だけといった感じでした。

面接のときに特に気になったことがあります。ほかの参加者に聞かれていることです。同じ棟で研修しているので、面接時の声は丸聞こえです。私の隣の部屋の参加者は、二日目にして、母のことを調べて報告するときに、号泣していました。

私はと言えば、泣きたくなるような心境には全くなりません。「薄情な人間なのかもしれない」と思ったりもしました。内省が足りないのか、それとも思い出すポイントがずれているのか、いろいろ考えました。

研修を始めて、ちょうど半分が過ぎたころに所長室に呼ばれました。ここまでの感想や疑問点を話し合うためです。ほかの参加者の面接者に対する報告が気になることや、自分が泣けるような心境になっていないことを正直に話しました。清水所長からは、他人と比べるものではないこと、泣くことが目的ではないことを教わりました。たんたんと過去にあった事実を思い出し、迷惑をかけたことを中心に調べてくださいと言われました。

では、実際、母についてどのようなことを面接者に話したか、具体的に説明しましょう。

内観が始まって二回目の面接のことです。私が一度だけ野球を辞めたいと言って、柱にしがみつきながら泣いたのは、第1章でお話しした通りです。私が六歳のときのできごとです。迷惑をかけたこととして、「野球を辞めたいと泣き叫び、大変迷惑をかけました」と報告しました。

ところが、内観が深まってくるにつれ、「野球を辞めると言って、泣き叫んだ」ことから、その先にあった、「『勝手に離婚して、こんなところに連れてきやがって！やりたくもない野球をやらせるなら、お父さんのいる加太に戻る！』と、暴言を吐いていたこと」のぼうがよほど迷惑をかけ、困らせていたと気づいたのです。その言葉を聞いた母の気持ちを考えると、今でも胸が締めつけられます。母の気持ちを、ずたずたにしたことが、迷惑をかけたことなのだと気づきました。

母に「してもらったこと」については、最初「毎朝、おいしいご飯をつくってくれました。焼き魚に味噌汁がおいしかったです」と答えていました。それが、内観が深まってくると、「毎朝、炊きたてのあつあつのご飯に、温かい味噌汁をいただきました。味噌汁は、必ず、煮干しから出汁《だし》をとってくれていました。また、焼き魚は食べやすいように身をほぐしてくれていました」というように、より具体的に思い出すようになりました。

母も働いています。朝の忙しい時間に、インスタントの味噌汁で済ませないところに、母からの愛情を感じたのです。

私はこれまで三回「集中内観」を行いました。二〇〇二年、二〇〇六年、二〇一〇年の四年おきです。先ほど書いた母についての内観の深まりは、一回目には得ることができませんでした。しかし、二回目になると、環境に慣れるまでの時間が短くなり、集中できる時間が増えました。また、二回目はたまたま、参加者が少ない週だったので、一棟を独占して使わせてもらえたのも、よかったです。

二〇〇六年の二回目のときに一番時間を費やしたのは、妻に対しての内観です。結局、この後、離婚しましたが、そのことについては、後でも触れます。この時点ではまだ婚姻関係がありました。夫婦の間に、隙間ができていると感じていたので、徹底的に取り組みました。一番身近な人を調べるのが内観であり、母と比べれば、記憶も鮮明です。

内観を進めるうちに、大いに反省したことがあります。掃除、洗濯、食事の用意に子供のことまで、「すべてやってもらって当たり前」と思っている自分がいたことです。思いやりのかけらもない自分がいました。ひと言、「いつも、ありがとう」という言葉を、なぜかけることをしなかったのか。このことに思いあたり、本当にショックでした。面接では、二日間、ほぼ泣きっぱなしでした。「早く帰って謝りたい」という言葉が、手帳に残っています。

この二〇〇六年の「集中内観」が終わった後は、すっきりとした気分や、充実感を感じることは全くなく、自分の愚かさ、罪深さ、妻に対するざんげの思いしか残りませんでした。

結果的に妻とは別々の道を歩むことになりましたが、ともに歩んだ道は消えることはありません。人生の一部としてしっかり刻まれています。

自分の過去としっかり向き合うことで、自分の嫌な部分、汚いところがはっきり見えました。例えば私は人を見下す癖があったのです。妻に対してもそうでした。今もその癖が、完全に消えたとは言えません。しかし、確実に人を見下す回数が少なくなり、その人の立場でものごとを考えられる人間になってきたのはたしかです。これは内観を通じて学んだことです。

一瞬に生きる

二〇〇二年の集中内観のときに、強く印象に残る言葉と出会いました。この本の題名でもある「一瞬に生きる」です。この言葉は現在、私の座右の銘として、研修所からお借りしています。

食事中は、研修を終えた人の体験談や、面接のときのやりとりを記録したもの、それに、ここ「瞑想の森　内観研修所」の創始者である、柳田鶴声《やなぎだかくせい》氏の話を録音してあるテープが流れます。参加者が、過去に研修を受けた人の言葉を参考にして、より深く内観できるようにするための配慮です。

そんな中で、私は柳田先生の「一瞬に生きる」というお話が頭から離れなくなりました。

集中力とは何か。これを高めるには、今この一瞬に生きることである。一瞬に生きるとは、過去を引きずらず、未来を予測しすぎないことである。一瞬に全知全能をかけ、エネルギーを分散させずに一点に集中させることである。そんな内容でした。

そのような生き方ができれば、たとえ思うような結果が出なくても、後悔はしないのではないかと思いました。そして「その瞬間に全神経を集中させて、ものごとに取り組んだか。出し惜しみをしていないか」を、いつも確認する癖をつけようと思いました。

野球がなければ、この言葉が心に残ったかどうかわかりません。王さんからも、「二度とないこの一球という意識を強く持て」と教わりました。それと重なるような思いで、「一瞬に生きる」という言葉を座右の銘にお借りしました。常にそのような意識で打席に立つんだと、自分に言い聞かせる言葉でした。

私にとっての内観は、心の掃除です。どれだけ周りに迷惑をかけて生きてきたかの確認です。

また、無限の愛に包まれて、母に育ててもらったことへの感謝の確認でもあります。

心に垢《あか》が溜まったころに引き寄せられるように足が向くのです。

私の読書

ここで私の読書経験についてお話しします。入団三年目くらいから、移動の際は必ず本を持参するようになりました。遠征に向かう途中の飛行機、新幹線は当然ですが、試合に向かう行き帰りのバスにも持ちこみます。あるコーチから「目が悪くなるからやめておけ」と言われたこともあります。「引退したら、いつでも読める」とも言われました。しかし、私は本によって得た知識を実践することが、野球をやるうえでも役に立っていると感じていました。それに、知らないことを知りたいという欲求が強くありました。

けがのリハビリ中は不思議と自己啓発本を手に取ることは多くありませんでした。私は本との出会いも縁だと思います。書店で本棚をながめていると、今の自分に必要な本が目に留まります。

普段は自己啓発本がほとんどですが、リハビリ中はなぜか小説ばかり読みたくなるのです。海外でリハビリするときは成田空港の書店で、東野圭吾さんや横山秀夫さん、宮本輝さんなどの小説を買いあさり、機内に持ちこみます。リハビリ中は単調な毎日の連続なので、小説の主人公になりきって、現実逃避したくなるのかもしれません。そのまま現地においてくるので、また同じ本を買うこともたびたびあります。なぜか、半分くらい読み進めて初めて「あっ、これは以前読んだ本だ」と気づくのです……。

福岡ドームでの試合のときは、午後四時からの二十分間は読書と決めていた時期もあります。たしか、二〇〇〇年くらいまでだと思います。ルーティーンのひとつになっていました。やらないと気持ちが落ち着かない状態です。

現役時代の後半はその時間を昼寝にあてました。これは二十分間の昼寝は能力回復、集中力アップに有効であると聞いたからです。人から聞いたり、本を読んだりして、よいと思ったことはとにかくやってみる。合わなければやめる。これは徹底していました。

プロ野球の世界を十九年間見てきましたが、長くやれる選手は頑固さと素直さのバランスが絶妙です。人の意見を全く聞かない選手は壁にぶちあたったときが大変です。自分の経験だけしか頼るものがない。しかし、何でもかんでも聞いてしまう選手は、バッティングコーチが代わるたびに、バッティングフォームまで変わります。このタイプも長続きしません。自分の信念をしっかり持ったうえで、なおかつ人の意見を聞けることが大切になってきます。

若手選手に勧めた本

私にとって読書は人間形成に大きく役立ちました。若い選手にはこう話しました。読書をしたから成功するとは限らない。しかし、世の中で成功している人は百パーセント読書家であると。

何を読んだらいいですかと聞かれることも多かったのですが、まずは野球界で多大な功績を残した人の本を紹介します。前述のように私は経営コンサルタントの船井幸雄先生から入りましたが、これを勧めても、プロ野球選手は読まないでしょう。野村克也さん、落合博満さん、イチロー選手に関する本から入れば、活字が苦手な選手でも興味を持てるはずです。

本を読むにあたり、してはいけないことがひとつあります。「あの人だからできたのであって俺には無理だ」。そう思って読んではいけません。ヒントを得るのだという心構えで読んでほしいのです。若手選手に勧めた本を紹介しておきます。

『弱者が勝者になるために―ノムダス2』　野村克也著（ニッポン放送プロジェクト）

野球界で野村克也さんほど「言葉」を持っていた人はいないと思います。現状に満足することなく、ずっと勉強を続けられたからだと思います。この本でも「生涯学習」を掲げています。

野球は「考えるスポーツ」である。頭脳七十パーセント、技倆《ぎりょう》三十パーセントだと言い切ります。「野球の質を高めてくれる知識や言葉をどれだけ仕入れたか」が大切であると書かれています。私は勉強になったので、オープン戦のときにお礼を言いに、野村さんのところに足を運びました。野村さんが照れながら、「あれはビジネスマン向けに書いた本だ」と言っていたのが印象的でした。

若い選手が技術練習に多くの時間を費やすのは当然です。それに加え、勉強する時間を持つことで、一流に近づくことができると書かれています。自分の可能性を広げてくれる本だと思います。

『野球人』落合博満著（**ベースボール・マガジン社**）

落合さんが引退された年に出された本です。打席での心理が細かく記されています。三冠王を三度獲得した選手の考え方、取り組み方を参考にしてほしいと思います。引退後、すぐに出された本なので、臨場感が伝わってきます。

この本とは直接関係ありませんが、落合さんとのエピソードをひとつご紹介します。一九九七年、落合さんが日本ハムファイターズに所属していたときのことです。私がライト前ヒットを打った後のこと。一塁ベース上で、こんなやりとりがありました。打ったときのカウントは、ツーストライクに追いこまれる前でした。

「今のは右打ちしたのか?」

「はい、しました」

「ツーストライクに追いこまれる前に、右打ちしているようじゃ、ホームラン四十本は打てんぞ」

私は、落合さんからそう声をかけられたのです。私はプロ四年目です。この時点ではまだ三十本も打ったことのない私でしたが、「素質を認めてくれたのかな」と思い、うれしくなりました。

『イチロー、聖地へ』石田雄太著(文藝春秋)

イチロー選手がメジャーリーグに挑戦した一年目を語っています。インタビュー形式なので、彼の言葉がリアルに響いてきます。

チャンスで打席が回ってきたときの記述がありました。彼ほどの実績がある選手でも、「結果を求めるあまり本来の動きができずに、自分自身で崩してしまうことも数多くあった」と語っています。しかしそれを解消したのは、「過去にどれだけプレッシャーのかかる場面を経験し、打ち勝ってきたか」という成功体験だったと話しています。

私は、「彼でもチャンスのときはどきどきするのだから、私くらいの選手はどきどきして当然だ」と、なぜか安心したものです。

彼の言葉によって勇気づけられたり、悩みを共有できたりする本だと思います。

稲盛和夫さんの本

私のジャイアンツ時代の愛読書は稲盛和夫さんの『**生き方──人間として一番大切なこと──**』（**サンマーク出版**）です。この本は一時期どこに行くときも持ち歩いていました。稲盛さんは私が説明するまでもなく、京セラとＫＤＤＩのふたつの大会社を設立された経営者です。また日本航空の再建に尽力されたことでも有名です。

この本には経営の詳しい話は出てきません。題名の通り、誰にでも当てはまり、またすぐに実践に移せる内容になっています。本の中に、ある方程式が出てきます。原文をそのまま紹介します。

「**人生・仕事の結果＝考え方×熱意×能力**

つまり、人生や仕事の成果は、これら三つの要素の〝掛け算〟によって得られるも

のであり、けっして〝足し算〟ではないのです。

まず、能力とは才能や知能といいかえてもよいのですが、多分に先天的な資質を意味します。健康、運動神経などもこれにあたるでしょう。また熱意とは、事をなそうとする情熱や努力する心のことで、これは自分の意思でコントロールできる後天的な要素。どちらも〇点から一〇〇点まで点数がつけられます。

掛け算ですから、能力があっても熱意に乏しければ、いい結果は出ません。逆に能力がなくても、そのことを自覚して、人生や仕事に燃えるような情熱であたれば、先天的な能力に恵まれた人よりはるかにいい結果を得られます。

そして最初の「考え方」。三つの要素のなかではもっとも大事なもので、この考え方次第で人生は決まってしまうといっても過言ではありません。考え方という言葉は漠然としていますが、いわば心のあり方や生きる姿勢、これまで記してきた哲学、理念や思想なども含みます。

この考え方が大事なのは、これにはマイナスポイントがあるからです。〇点までだけではなく、その下のマイナス点もある。つまり、プラス一〇〇点からマイナス一〇〇点までと点数の幅が広いのです。

したがってさっきもいったように、能力と熱意に恵まれながらも考え方の方向が間違っていると、それだけでネガティブな成果を招いてしまう。考え方がマイナスなら

掛け算をすればマイナスにしかならないからです」

『生き方―人間として一番大切なこと―』稲盛和夫著（サンマーク出版）

野球に例えるなら、能力とは持って生まれた素質、センスと言えます。ボールを遠くに飛ばせること、また速いボールを投げられることなどが当てはまります。これはプロに入ってくるような選手はほとんど持っています。

次に熱意。これは練習に費やす時間であったり、量であったりします。この部分でかなり差が出ます。素晴らしい素質の選手が入ってきても、練習しない選手はまず伸びることはありません。

最後に考え方です。稲盛さんはこれが一番大切だといいます。これはプロとしての心構えにあたるのでしょう。ファンあってのプロ野球。球場に足を運んでくれるファンがいなければ、我々の世界は成り立ちません。そのファンによいプレーを見せる。最後まで諦めない姿勢で戦う。ファンを喜ばせる。そういった考え方でグラウンドに立つことが必要です。

勝つために戦うのです。「チームは負けても自分はホームランを打ったから満足」ではいけません。それによく「人を蹴落としてでも上に行く」という言葉を使う人がいますが、私は正しいとは思いません。「蹴落とす」ではなく、「抜き去る」と考えればいいのではないでしょうか。「蹴落とす」にはネガティブな印象を持ちます。「抜き去る」は自分の実力の問題です。相手は関係ありません。

レギュラーの選手に対して、けがをするように祈るのもやめたほうがいいと思います。この世界の格言で、「けがで奪ったポジションは自らのけがで奪われ、実力でとったポジションは、その選手の実力が落ちて奪われる」と言います。野球の世界に限らず、人の不幸を願うような人間は、人からも恨まれています。そうではなくて、自分も幸せな気持ちでいて、人の成功も「よかったね」と言える人間であるべきです。

稲盛さんがおっしゃる、このもっとも大切な「考え方」を勉強すれば、どんな人でも、まだまだ伸びると思います。同じ成功なら、周りから祝福される成功を目指すべきでしょう。

斎藤一人さんについての本

私が最近読んだ本で特に印象に残っているのは、**永松茂久著『斎藤一人《ひとり》の人を動かす』（PHP研究所）**です。これは短期間で八回読みました。斎藤一人さんの本はほとんど読んでいます。簡単に斎藤一人さんのプロフィールを書いておきます。

「銀座まるかん」（日本漢方研究所）の創設者で納税額日本一の実業家として知られ

ています。一九九三年から、納税額十二年間連続ベストテンという日本新記録を打ち立て、累計納税額も、発表を終えた二〇〇四年までで、前人未到の合計百七十三億円と、これも日本一です。あまり長々と書いても仕方がないのでこのくらいにしておきます。

この斎藤一人さんの弟子のひとりである、永松茂久さんと私は友人です。普段は「しげ」と呼んでいるので、そう呼ばせてもらいます。

しげは大分県中津市出身です。二〇〇一年、地元の中津にたこ焼きの店を開店。居酒屋経営でも成功し、さらに講演活動、執筆から出版まで幅広く活躍する実業家となっています。そんなしげが斎藤一人さんと出会ったのは、二〇〇五年のことだったそうです。その教えを忠実に実践してきたおかげで今の彼があると聞きました。

二〇一一年十月に初めて彼の店を訪れました。福岡市にあった「大名　陽なた家」です。友人がこの店で、私のサプライズ誕生会を開いてくれたのです。この店は、スタッフの手作りバースデーイベントが有名で、バースデーイベントがほぼ毎日入る店になっていました。

突然電気が消え、音楽が流れてきます。うさぎの着ぐるみを着た店員や、タンバリンを持って踊る店員など、従業員全員で、オリジナルバースデーソングを唄ってくれるのです。当時、それを知らなかった私はこのイベントにとても感動しました。

自分が幸せに感じたことは仲間にも味わってもらいたいと思います。この後、何度も誕生日の人たちを連れてきて、バースデーイベントで驚かせました。こうした、ある日の帰りに、『斎藤一人の人を動かす』という本をプレゼントされたのです。

斎藤一人さんの本は読んでいたので、最初からすんなり入れました。読み進めていくうちに、手帳に書きこむ量が増えていきました。ここまで手帳に書きこむ言葉が多いのは久しぶりのことです。以下は私が書いたメモです。

自己重要感について。人は誰でも認められたい願望がある。だから人に重要感を与えられる人になる。成功者の言葉とは、人の人生を大きく変えていく力がある。自分が向上するのは自己重要感を与えられる人になるということ。そうすれば成功しても威張ることがない。人は自己重要感を高めてくれる人のもとに集まるのだ。

器量について。器量の大きい人は、手柄を立てた人に華をもたせる。自分より実力がたけた人間を周りに置けるかで器量は決まる。器量がでかくなるにつれて「何が相手にとっての本当の幸せなのか」を考えられるようになる。

指導者について。指導者というのは、よい話さえすればいいではだめ。よい話をするのは当たり前。話を聞くムードをつくる。相手が聞きたくなる雰囲気、それをかもし出すことが大事である。

魅力ある指導者とは、人に与えることができ、自信満々である。後はギャップのある人間。態度、物腰、髪型、服装に至るまで、すべてが自信満々でなければつとまらない。完璧なのに威張らない。このギャップがないと人はついてこない。

夢について。夢を持ってかなえることができれば、それはそれでいい。しかし、世間の大半の人は夢をかなえられない。だから、目の前のひとつ上を目指せばよい。あなたが今いる場所で役に立つ人間になればいいんだ。夢や目標を追いかけるのではなく、使命感によって動く。常に何のために動くのかを考えておくことが大切である。


本も人のつながりといっしょで縁だと思います。この本に関しては、先ほども書きましたが、短い期間で八回読みました。斎藤一人さんの本には最低七回読んでくださいと書いてあります。そうすることで意識をしなくても身につくということです。私はまだ自信がないので、たまに読み返します。

成功しても威張らず、笑顔で人に接する。本を読んで知識を得たら必ず実践に移す。目の前にいる人を大切にする。そうしたことを忘れないでいようと思います。そして、究極的には人の喜ぶ顔が自分の楽しみになるような人生を歩みたいと思っています。

北方謙三さんの『水滸伝』

二〇〇八年のある日、福岡の知り合いのタレント、中島浩二さんから、**北方謙三さんの『水滸伝』**（**集英社**）を強く勧められました。私の苦手な歴史小説だったので、はじめは適当に流して聞いていました。
ところが中島さんはものすごく熱く、物語における、人生観、死生観、思想を語るのです。そこまで言われたらと、とにかく一巻だけ買いました。十九巻まであるのにはびっくりしました。

歴史小説は登場人物が多く、名前を覚えるのが大変ですが、人生初の歴史小説にはまるまでにそれほど時間はかかりませんでした。性格上、一気に買いそろえないと気が済みません。これでしばらく書店に行くことはないだろうと思ったものです。

同じ志をもった男たちが梁山泊《りょうざんぱく》に集結する。そして腐敗し切っている巨大な国、宋《そう》を倒すという物語です。私は何でも野球に例えてしまう癖があります。気がつくと、この梁山泊とホークスを重ねて物語を読み進める自分がいました。

梁山泊に集まった男たちは個性豊かです。やりの達人や弓の名手。水に潜ることが得意な男や変装してスパイの役目を果たす男。また戦《いくさ》において作戦を指示する軍師。ほかにもたくさんいますが、こういった男たちが、梁山泊をまとめる頭領のもとに集まってきます。

個人の長所を上手く組織の中に当てはめ、適材適所に配置するところなど、野球チームにそっくりだと思いました。四番打者をそろえれば、優勝できるかといえば、そうではありません。やはり、つなぎが得意、足が速い、守備の名手などが集まり、チームとして成り立ちます。そういったところを重ね合わせて読みました。

著者、北方謙三さんとこの水滸伝について『小説すばる』で対談させていただき、終了後にシングルモルトウィスキーを片手に語り合えたのは、最高の思い出です。

現役時代後半の私は読書好きということで知られていたと思います。本に関係する取材が多かったのがそれを物語っています。さまざまなジャンルの本を読みあさりました。

私は本のおかげで、たくさんの知識を得ることができました。そして、実践しようと努力してきました。波瀾万丈だった私の野球人生において、私という人間と読書は切っても切れないものです。

「逆境のときこそ、生き様の見せどころ」と思えるようになったのも、いろいろな本との出会いのおかげです。これからも本に囲まれた人生でありたいと思います。

自宅の書棚。歴史小説や自己啓発本、野球の本などが並ぶ。蔵書のごく一部。

第5章

挫折と栄光と

屈辱の生卵事件、歓喜の優勝、大けが、そしてトレード

1999年福岡ダイエーホークスは、日本一となった。
(写真はパ・リーグ制覇時のもの)

生卵事件

この事件に触れないわけにはいかないでしょう。一九九六年五月九日、近鉄バファローズ対福岡ダイエーホークスの試合後のできごとでした。今はなき大阪・日生《にっせい》球場のプロ野球最後の公式戦だったと思います。

ホークスは私自身の開幕からの不振も響き、この時点で九勝二十二敗と大きく負け越していました。何をしても上手くいかず、ファンの目には無気力に映っていたのかもしれません。プレーしている私たちは全力でしたが、結果が出ていないので何を言われても仕方がありません。

この試合に限らず、数試合前から、不穏な空気が漂っていました。試合中に打てなかったときのファンの罵声や物の投げ入れなどが、少しずつエスカレートしてきたのを覚えています。王監督に対する、失礼極まりない言葉で書かれた横断幕が出だしたのもこのころです。

この日の試合も敗れ、試合後に数人のファンが乱入してきました。球団関係者と球場スタッフが協議の末、ファンが過激な行動に出るかもしれないので、いつもとは違うセンター後方から球場を出ることになりました。

まさにバスに乗りこもうとしたそのときでした。私の前にいた吉田豊彦さんのユニフォームに何かが当たったのが見えました。そのときはまさか生卵とは思わず、ほかの選手も小走りにバスに駆けこみました。

いつものシートに腰を下ろし、外を見ると怒ったファンが次から次に生卵を投げつけてきます。見る見るうちに、バスからの視界は飛び散った黄身や白身で遮られ、運転手が出発前にフロントガラスとサイドミラーをふくため車外に出ました。駐車場から出ても多くのファンがバスの周りを取り囲み、しばらく動くことすらできません。

二十分くらい囲まれていたでしょうか、やっとの思いでそこから抜け出しホテルに向かいました。バスの中では、誰ひとり口を開こうとしません。しーんと静まり返ったままです。

よりによってこんなときにバスの運転手が道を間違えました。出発して間もなく公園のような場所に入ってしまい、Uターンできません。外にはまだ怒ったファンがいっぱいです。バックで元の道まで引き返さねばなりませんでした。普段プロ野球の移動に使うバスにバスガイドはいません。高橋慶彦コーチが真っ先にバスを駆け下り、バスの運転手に向かって、大きな声で誘導を始めました。とっさのことでしたが、あのときの慶彦さんの取った行動は格好よかったです。

何とかホテルにたどりつき、すぐにミーティングがありました。王監督の言葉を覚えています。

「こんな成績じゃあ、ファンが怒るのも無理はない。怒ってくれるファンは本物だ。怒るのは期待の裏返しでもあるんだ。彼らを喜ばせるために、前を向いてやるしかないんだ」

一番悔しいはずの監督の言葉に、「男なら言い訳しない」という潔さを学びました。必ず強いチームになってやる、見返してやると心に誓いました。しかし、そんな気持ちとは裏腹に一九九六年シーズンは最下位に沈みました。ホームラン王をとった前年とは打って変わって静かなオフシーズンになりました。取材もぽつぽつ入る程度でしっかりと自分の時間がとれました。

野球以外の勉強

野球以外の勉強も必要だと感じていた私は、オフを利用して、ある出版社が主催した講演会を聞きに行きました。応募ハガキに名前、住所、電話番号、職業等を書きこみポストに投函《とうかん》しました。職業欄に「プロ野球選手」と書いたのは初めてです。当日、ひとりの社会人として会場に行ったのですが、開催場所が福岡ということもあり、本物の小久保が来たということで主催者があわてていました。ただ、私は純粋に勉強したいという思いで参加したので、すばやく受付を済ませ、席につきました。せっかく勉強に来たのだからと一番前に座り、ノートとペンを用意しました。

七田《しちだ》式教育創始者である、七田眞《まこと》さんの講演会でした。前の年から読書を始めたのは前述した通りですが、このころに読んでいたのが七田先生の著書でした。七田式教育とはひと言で言えば、「右脳教育」です。右脳とは直感、ひらめき、イメージ力を司《つかさど》る脳で、左脳は論理的、知性的で言語を司る脳です。七田さんは幼児から小学生を対象にユニークな右脳教育を実践されていました。まだ左脳が発達していない幼児たちは、右脳の能力をフルに発揮します。瞬間識別力のすごさは、とても大人の私たちはかないません。

例えば、大量（八十～九十個）の丸いシールが貼ってある用紙を一瞬見せます。そして、それに近い数を張った用紙を何枚も見せていくのですが、この教育を受けた幼児たちは同じ数の用紙をきっちり言い当てられるのだそうです。

七田さんはまた、その教育法を広げるために「七田チャイルドアカデミー」を設立され、今では全国で数百の幼児教室があります。

当時の手帳には、右脳と左脳の違いについて記していたり、リラックスが必要なときには、へその下の「丹田《たんでん》」を意識して呼吸する丹田呼吸法を取り入れるとよいなどと書きこんだりしています。少し専門的になるのでこのくらいにしておきますが、野球以外のことにも興味を持ち、プラスになることは何でもやってみる貪欲さが出てきた時期でした。

スポーツ指導者に学ぶ

一九九七年、春季キャンプが始まりました。このころのキャンプは高知県高知市で行われていました。あの坂本龍馬が生まれた土地です。当時は歴史にあまり興味を持っていなかったので、桂浜《かつらはま》に行っても坂本龍馬の銅像を見たくらいで、坂本龍馬記念館にも入りませんでした。司馬遼太郎さんの『竜馬がゆく』を読破した今となっては、もう一度行きたい場所です。

一月三十一日、雨の高知空港に降り立ったホークス選手は、そのまま一か月間の宿舎となる高知新阪急ホテル（現・ザ クラウンパレス新阪急高知）に向かいます。到着後王監督から今シーズンに向けての話がありました。前年最下位のチームです。何を話すのか興味津々でした。王監督のお話の内容は、今のチームには勝つことに対するこだわりが足りないこと、素直な気持ちで取り組むこと、自分が上手くなるためにコーチを利用すること、といったものでした。

それからジャンボ尾崎《おざき》さんの言葉を紹介されたのが印象に残っています。

「楽をしてきた者に余韻を楽しむ権利はない」という言葉です。とにかくこの春のキャンプで苦しめという意味で使われたのだと思います。

さらに王監督はチーム全体のテーマとして「明るさ」を挙げました。前年は苦しい一年だったので、とにかく今年は勝つことによって明るさを取り戻そうということです。

そんな中、キャンプがスタートしました。王監督としても何か変えないといけないという思いが強かったと思います。当然、野球の練習は毎日遅くまで続きます。ただこの年のキャンプはこれだけでは終わりませんでした。毎晩、食事後にミーティングが用意されていたのです。コーチ陣が話すこともあれば、外から講師を招いての講演もありました。練習後の疲れている身体に、満腹感も加わり、眠い目をこすりながら必死でメモを取りました。中でも記憶に残っているふたりの講師の話をご紹介します。

ひとり目は打撃の神様こと、川上哲治《てつはる》さんです。球際《たまぎわ》に強くなること（勝負どころぎりぎりで打ったり捕ったりすること）や、諦めない気持ち、チームワークの精神についてのお話でした。ノートに書いてあることをそのまま抜粋します。

「守備者としての最終プレー（飛びこみのこと）、これを無心で行えるようにする。見返りを期待しない。ただ、ボールが飛んで来たら食らいつく。その行為を無心でできること。止めてもヒット、外野に抜けてもヒットという考えはやめよう」

次に、「チーム」について語られました。

「本物のチームワークを目指そう。本物の連係プレーを目指そう。そのためには原点であるキャッチボールを大切にすること。自己中心の野球スタイルを変え、相手中心のスタイルにしていこう。自分の職業を通じて社会に還元することを忘れてはいけない」

今になって改めて読み返してみると、言葉の深み、重みを感じます。当時の私には感じられなかったことかもしれません。社会に還元するという言葉は私自身もいつからか使うようになっていましたが、このときに教わっていたのです。最後にこう記しています。

「知っていることを実行しよう」

これも川上さんの言葉です。この言葉も今の私にはよくわかります。本を読むだけで勉強した気分になっていたころの自分を思い出します。本を読むことにより知らなかったことを知る。そして次にそれを実践して初めて身になります。知識として頭の中にあるだけなら、まだ知らないほうがましです。実践することの大切さを伝えたかったのだと思います。

あとおひとりご紹介します。元・京都市立伏見工業高校ラグビー部監督、山口良治《よしはる》さんです。

伏見工業高校といえば、テレビドラマ『スクール☆ウォーズ』のモデルとなった高校です（現・京都工学院高校）。不良たちがラグビーを通じ更生し、友情を育んでいくという学園ドラマでした。私が中学一年生のとき放送していたのでちょくちょく見ていました。当然講師で来られたときは、その事実を知っていたので話を聞けるのを楽しみにしていました。

正直に言って、手帳に残っている言葉は少しだけです。しかし、ものすごい情熱で、全力で話していただいた記憶があります。すべては自分の気持ち次第、強く思ったことは必ず現実となるという話をしていただきました。ご自身の話で感情が入り、最後の十分くらいは泣きながらの話でした。講演終了後、王監督がお礼を述べるときに、もらい泣きされていたのが印象的でした。

山口先生が生徒と接するときにまっすぐで純粋な心があったからこそ、彼らは立ち直っていくことができたのでしょう。真摯《しんし》な姿勢でものごとに取り組むことの大切さが伝わってくる話でした。

私たちはここまで真剣に純粋な気持ちで、野球に取り組んでいるだろうかと考えさせられました。そして、そこまで真摯に取り組んでいないと気づき、恥ずかしい気持ちになりました。

しかられ役

王監督やコーチ陣だけがこのチームを何とかしようと思っていたのではなく、ベテラン選手も同じ気持ちでした。みんなが、強くなるには何が必要かを考えていた時期でもありました。

私は正直なところ、まだチーム全体を考えて、強くなるためのアイデアを出すような余裕もなければ、立場でもありません。ただ、入団当初から人一倍声を出し、元気な姿で真面目に取り組む姿勢は一貫していました。

少しさかのぼって、一九九六年のできごとです。キャンプ中に先輩方が部屋に集まって、話し合いをしているところに呼ばれました。そのときに集まっていた先輩は、はっきりと覚えていないのですが、石毛宏典さん、森脇浩司さん、松永浩美さん、小川史《ひろし》さん（現・福岡ソフトバンクホークス三軍監督）など内野手中心のメンバーだったと思います。どうすれば強いチームになれるか、今の雰囲気を変えることができるかを話し合っていたようです。

出たアイデアが、「小久保をしかられ役にしよう」ということでした。どういうことかというと、キャンプの練習中にあまりにも大人しく、活気がない雰囲気を変えようと、後輩を厳しくやじることにしたのです。

その後輩に指名されたのが私でした。小久保なら耐えられると思ったのでしょうか。年齢的にも、また前年に実績を残したこともあり、指名しやすかったのだと思います。性格的にも、怒られてもあまり顔に出すタイプでもないのがよかったのかもしれません。

最初から納得したわけではありませんでしたが、先輩方の、このチームをどうにかしたいという、真剣な話や情熱を感じとった私は、「わかりました。僕を使ってください」と答えました。

そして迎えた次の日からは、先輩方からの「集中口撃」です。ウォーミングアップ中から、「声が小さい」と怒鳴られ、シートノックでポロっと落球しようものなら、それはもう、すごいやじが飛んできます。正直に言って、ここまで言われるのかと思ったこともありましたが、なりふり構わず、そんなことをしてまでも活気のあるチームにしよう、雰囲気を変えようと努力したのでした。

そのくらい、弱いチームというのは、負け犬根性や、傷のなめ合いといったものが根っこに張りついていて、それはなかなか取れないものなのです。

今のホークスのキャンプ中のシートノックは、見学のお客さんも楽しめると思います。もちろんひとつひとつのプレーに全力を尽くすのですが、誰かがミスしたときのやじにしても、チーム全体で声を出すという雰囲気があり、よき伝統となっています。

後年、王監督もそのような雰囲気で盛り上げる選手を頼もしげにながめていたのをよく覚えています。どの解説者が来てもほめてくれました。ただこれはあくまでもこ二十年くらいの話であり、私がしかられ役をしていた時期はまだまだ発展途上の段階でした。

一九九七年シーズンもさまざまな取り組みは実ることなく、結局四位という結果に終わってしまいました。しかしこのころから少しずつではありましたが確実にチームの意識が変わり、強くなりたい、もう負けるのは嫌だと変化が起こり始めたのは事実です。

脱税事件

一九九八年、私にとって思い出したくない一年です。正直なところ、これに触れないでおこうとも思いました。しかし、自叙伝の意味合いを持つこの本に、あの話題が出ていないのは不自然だと思い、ここに記します。

一九九八年一月十二日、私は所得税法違反の罪で懲役一年（執行猶予二年）、罰金

七百万円の判決を言い渡されました。さらにプロ野球コミッショナーからの処分として、開幕からの出場停止八週間、罰金四百万円を科されました。

事件についてお話しします。ドラフトが終わり、プロに入る前にある人から、ひとりの税理士を紹介されました。自分では深く考えずに、言われるがままお金を支払いました。この人が私の知らないところで、架空経費を計上したり、架空の顧問料を支払っていたように操作をしていました。脱税行為です。

もう少し自分で判断しようという思いがあれば、見抜くとまではいかなくとも、危険な人だとわかったはずです。三人の選手にこの税理士を紹介し、結果的に巻きこんでしまいました。本当に申し訳ないことをしてしまいました。自分の未熟さと愚かさゆえに起こした事件です。このことで責任逃れするつもりなど毛頭ありません。すべて私の責任です。

この事件の後、私は精神的にもずたずたになりました。もちろん自分の蒔《ま》いた種です。このときに私の味方だと思っていた人たちが、ほとんど私から去っていきました。前年には打点王も獲得し、周りからはちやほやされていたのですが、この事件を境にスーッといなくなったのです。

よいときには人は寄ってくるし、悪いときは去っていく。これが世の常であることは知っていましたが、実際に体験すると辛いものでした。しかし辛いときでも支えてくれる、人生における本当の味方がいることもわかりました。

刑罰が確定し、私は「この先、個人の信頼回復、そして何よりも野球界に対して迷惑をかけた償いをしていかなくてはならない」と思いました。その思いで今日まで歩んできました。

この当時の新聞のコラムに、次のような記事が載っていたのを切り取って手帳に貼っています。当時実名で書かれていた、ある選手の名前は仮名にし、後はそのまま引用します。

球界時評　ファンのありがたみ

「コミッショナーの裁定が下って、プロ野球の脱税問題は一応の区切りはついた。甘い言葉に誘われて、最後は大きな代償を払わされた選手は、悔いと自責の念で苦しい日々を送っただろう。キャンプ取材で宮古島に到着した直後、A球団のB選手の会見に急いだ。七日に契約更改を終えているから、野球を取り上げられることはなかった。開幕から七週間後に復帰できる目標もできた。神妙な談話の中にも、ほっとしたものが流れている。

考えてみれば起訴された選手、摘発されたが不起訴になった人たち全員がチームにとって必要な戦力である。既に社会的な制裁を受けているとはいっても、チームに迷惑をかけたことは否定できない。それをどう感じて、復帰を目指すのか。

もっと大切なこともある。ひと区切りがついて、もうこれで終わりとはいかない。社会人としての背信行為への償いは、実は今からが始まりであろう。野球人だから野球で償うという発想ではなくて、多くの人に生かされている感謝の心を持ち続けることだと思う。社会奉仕だ、ボランティア活動だと見えるものだけが償いではない。たとえばファンのありがたみをいつも忘れずにいることでもいい。要は豊かな心を持続させることが、本当の将来の糧になる」（万代）

一九九八年二月十二日高知新聞朝刊（共同通信配信）

いつも読み返し、自分に言い聞かせていたのです。これは私の人生で消したくても消すことのできない過去です。過去を変えることはできません。過去の失敗を糧に、今後もひとりの人間として成長を続ける覚悟です。

藤井将雄さん

私の一九九八年は右肩の手術もあり、十七試合の出場にとどまりました。この間、ホークスは九州移転後初のAクラス入りを果たしました。

私には忘れられない先輩がいます。その年のAクラス入りに貢献した、中継ぎのエース・藤井将雄《まさお》さんです。

二〇〇〇年十月十三日、藤井さんは三十一歳の若さでこの世を去りました。肺癌《はいがん》でした。

プロ入りは私のほうが早かったのですが、藤井さんのほうが三歳年上です。藤井さんの入団一年目から気が合い、よくご飯に行ったり、飲みに行ったりしました。先輩、後輩を問わず、みんなから好かれるタイプでした。若田部健一さんとはいつもいっしょだった記憶があります。

口癖は「気合い」で、野球も遊びも手を抜くことがありません。飲みに行っても「気合いだ」と言いながらいつも一気飲みです。ついていくこちらが大変でした。一気飲みは危険なことなので、皆さん絶対にまねをしないでくださいね。

そんな藤井さんの病気が発覚したのは、亡くなる一年前の一九九九年、ホークスが九州移転後初優勝したころです。このシーズン、藤井さんは中継ぎとして大車輪の活躍を見せ、最多ホールドを記録するなど優勝に大きく貢献しました。

しかし、夏ごろから息苦しくなるような症状が出始めました。日本シリーズ前に、母・正子さんには病名が知らされていました。この時点で余命三か月という非情な宣告でした。

しかし本人には知らされていなかったので、そのまま日本シリーズに出場し、試合でも投げました。ホークスは見事日本一に輝きましたが、藤井さんの身体の中は確実にむしばまれていたのです。藤井さんの病名はごく一部の人にしか知らされていませんでした。

日本一記念パレードが行われた翌日に入院することになります。本人には本当の病名は知らされていません。もう一度マウンドに立つという目標があれば、病状にも奇跡が起こるかもしれないという期待があったからです。

私が病名を知らされたのは、二〇〇〇年に入ってすぐだったと思います。入院中は時間を見つけては病室に顔を出しました。本人は病名を知らないので、私は話す言葉や内容に注意しました。そのため、野球の話がほとんどです。もうすぐ退院だから練習できると、うれしそうに話していたのを思い出します。

そして、余命三か月と宣告されていたにもかかわらず、二〇〇〇年はウエスタンリーグで六試合登板しているのです。すさまじい生命力です。一軍での登板はありませんでしたが、このシーズンは藤井さんとともに戦ったシーズンでした。気持ちはずっとつながっていたのです。

二〇〇〇年十月七日にホークスが優勝し、パリーグ二連覇を達成しました。それを見届け、安心したかのように十三日に帰らぬ人となりました。

亡くなった日、私はすぐ近くのシーホークホテル（現・ヒルトン福岡シーホーク）で知り合いの方とお茶を飲んでいました。携帯電話が鳴り、発信元を見ると球団マネージャーです。嫌な予感がしました。

「今、息を引き取りました」

その場で泣き崩れました。そして、すぐさま、走って五分とかからない国立病院機構九州医療センターに向かいました。泣きながら懸命に走りました。

たくさんの思い出が頭の中を駆けめぐります。一九九九年、どん底のシーズンを救ってくれた言葉。よくいっしょに焼き肉を食べに行ったこと。何度か朝までいっしょに飲んだことなど次から次に出てきます。息を切らして病室に駆けこむと、すでに秋山さんがいたのは覚えています。

そしてまだ体温が残る藤井さんの身体にしがみつき、あたり構わず声をあげて泣きました。本当に悲しかった。でも、余命三か月の宣告から、一年間癌と闘った藤井さんに対して「もうこれ以上がんばらなくていいですよ」とも伝えました。

それと同時に感謝の気持ちが湧き出てきました。

「藤井さんありがとう。どん底の自分を励ましてくれてありがとう」

何度も心の中で繰り返しました。その後、病気のことを知らされていたメンバーが徐々に集まってきました。

今でもよく思い出す、藤井さんについての記憶があります。先ほどの話にあったように、一九九九年、このシーズンほど苦しんだ年はありません。ホームラン王を獲得した翌年のスランプなど比較にならないほど打てませんでした。前年の九月に以前から痛みを我慢していた右肩を手術しました。開幕には十分間に合うということで手術に踏み切ったのですが、キャンプ、オープン戦とまだ痛みは残っている状態です。ごまかしながらプレーを続けていましたが、スイングをしても痛みが走るので、自然とバランスを崩していたのだと思います。

それにしても打てない。シーズン途中、王監督に四番を外してくださいと直訴したくらいです。球場に向かう足取りも重く、自信がなさそうな姿だったと思います。

そんな私に毎日声をかけてくれた先輩が、藤井さんでした。

毎日かけてくれる言葉は、「今日から開幕だぞ」です。開幕のときは「調子」なんて関係ありません。その日からスタートするわけですから。毎日、今日から開幕を迎えると思えば、悪かった昨日までの自分にさよならできる。今日の新しい自分に期待できるというわけです。その言葉に救われて、藤井さんとの会話が楽しみでした。本当に心許せる、本音で語り合える先輩でした。

現役中は、開幕前とシーズン終了後の墓前報告は欠かしませんでした。それ以外にも聞いてもらいたいことがあれば、唐津《からつ》の湊町《みなとまち》まで車を走らせます。漁港を見下ろせる、少し小高い場所にあるお墓まで足を運ぶのです。

日本一へ

一九九九年シーズン、四番を外してくださいと言っても、外してもらえませんでした。王監督から伝えられた理由は「チームが勝っているから」です。前半戦、四番の私が二割に満たない打率だったにもかかわらずチームは首位を走っていました。前年、私は肩を痛めシーズン中盤から二軍生活をしていましたが、チームは二十一年ぶりのAクラス入りを果たしています。チームとして今季は優勝できるのではという空気になっていました。

工藤公康さんを中心とした投手陣のがんばりで首位だったのは間違いありません。先発では、プロ入り二年目の永井智浩、星野順治がローテーションに入り、同じく二年目の篠原貴行が神がかったような活躍をしました。

たしか中継ぎで十四勝を挙げたと思います。彼が試合後半に同点、もしくは一点リードされている場面でマウンドに上がると、なぜか得点が入るということが、たびたび起こりました。藤井さんも絶好調で中継ぎのタイトルを獲得し、若田部さんもローテーションの軸として、工藤さんとともに先発陣を引っ張りました。

私もオールスター戦明けから、やっと本来のバッティングに戻りつつありました。後半戦だけで十五本以上ホームランを打ったと思います。特に九月に入ってからは絶好調で、少しずつ自信も取り戻すことになります。

この年の私の救いは優勝しかありません。優勝するためなら、何でもこなす覚悟でした。実際、バントやヒットエンドランなどのサインも出ました。本来四番を打つ選手にはよっぽどのことがない限り、出ないサインです。王監督も頭を悩ませたと思います。

九月二十五日。対戦相手は日本ハムファイターズ。ついにこの日がやってきました。私たちは午後六時の試合開始に向け福岡ドームで練習中です。優勝マジック対象チームの西武ライオンズがデーゲームで敗れ、この時点でマジックが一となりました。

試合開始前から選手の目が血走り、興奮状態になったのは、後にも先にもチームの九州移転後の初優勝がかかったこの日だけです。そのくらい初優勝というのは特別だったということでしょう。もちろん詰めかけたお客さんも、西武ライオンズが負けたことを知っています。シートノックのときから異様な雰囲気で、球場全体が今にもウェーブが起こりそうなくらいの興奮状態でした。私の現役生活を振り返っても、あの日の球場の雰囲気は特別でした。

「みんなが待ちに待った初優勝の瞬間を見せてくれ」

詰めかけたファン全員からそう言われているようでした。

その大一番を託されたのは、若田部さんです。序盤、秋山さんのホームランなどで二点リードしますが、満塁ホームランを浴びて四失点します。しかし追い上げ、六回を終わった時点で一点差です。七回に私がホームランを放ち同点。続く八回、青学の後輩・井口資仁《ただひと》が勝ち越しホームランを放ち、九回を守護神ロドニー・ペドラザで締め、見事九州移転後初優勝を果たしたのです。

このときのことをどう表現してよいのか、言葉が出てきません。狂喜乱舞したという表現になるのでしょうか。全く打てない時期が長く続き、四番を外してくれと直訴した、このシーズンの唯一の救いは優勝でした。

その優勝の瞬間、マウンドに駆け寄ったシーンはじつは記憶にありません。キャンプ中からシーズン中も、私の練習相手を続けてくれた、用具スタッフの金岡信男さんと泣きながら抱き合っているところから記憶が戻ります。興奮しすぎて頭が真っ白な状態だったのに加え、あふれる涙で視界が消えていたのでしょう。

そして間もなくして、胴上げが始まりました。ついに王監督を胴上げできた。喜び、感謝、達成感が入り混じった野球人生最高の瞬間でした。

過去の個人タイトルをとったときの喜びとは比較にならないことを、身をもって知りました。優勝とは、活躍した選手にとってはより一層高いレベルに行くことができ、この年の私のように成績を残せなかった選手にとっては救われたことに感謝でき、裏方スタッフのメンバーは家族ともども、優勝旅行に参加することができるという、まさにいいことずくめなのです。

後は何といってもビールかけでしょう。大の大人が大はしゃぎしているのをテレビで見かけた読者の方も多いと思いますが、あれは正直に言って、楽しいものです。特にこのときの優勝のビールかけは要領がわからずに、ゴーグルも用意していなかったので、次の日に結膜炎になりました。真っ赤な目をして球場入りしたので、周りからびっくりされたのを覚えています。

そして迎えた初めての日本シリーズ。星野仙一監督率いる中日ドラゴンズが相手です。

投手ではエース・川上憲伸《けんしん》選手に、この年十九勝を挙げた野口茂樹選手が中心。野手ではチームリーダー・立浪和義選手、当時まだ内野手だった福留孝介選手がいました。

福岡で始まった第一戦、先発はホークスが工藤さん、中日ドラゴンズが野口投手でした。先発した工藤さんは完璧なピッチングで十三個の三振を奪い完封勝利を挙げました。打つほうは、秋山さんのホームランなどで得点し、結果三対〇で初戦をとりました。

第二戦は若田部さんが先発しましたが、序盤で得点を奪われ、この試合は大敗です。私はと言えば、二試合ともノーヒットに終わりました。気持ちが入りすぎで、低めのボール球に手を出していました。

秋山さんは二試合連続ホームランを放ち、工藤さんは貫禄《かんろく》のピッチングです。西武時代、何度も日本シリーズを経験しているベテラン選手の活躍が、チーム全体を落ち着かせてくれました。私をはじめ、松中信彦、井口資仁、城島健司は当然初出場です。このメンバーを聞くと懐かしく感じるのは私だけでしょうか。

この後、名古屋に移り第三戦が行われました。私も日本シリーズ初ヒットを放ち、ホークスが五対〇で勝利しました。この試合はセ・リーグの本拠地での開催のためピッチャーも打席に立ちます。王監督が、ノーヒットに抑えていた先発・永井に代打を出したことがクローズアップされた試合でした。

続く第四戦で私は日本シリーズ初ホームランを放ちます。前年までともに戦った、武田一浩投手からです。そしてヒーローインタビューに選ばれ、敵地名古屋でお立ち台に登りました。

結局第五戦も勝利し、初の日本一に輝きました。四勝一敗は予想外だったのであっけなく終わってしまったというのが正直な感想でした。

名古屋で王監督を胴上げしながら、日本一の喜びをかみしめました。ホークスの選手が勝つ喜びを知ったのは、この年が始まりです。王監督が就任されてから言い続けてきた、勝負は勝たないといけない。優勝のよさを味わわせてやりたいという言葉が現実となりました。

日本シリーズ二日前に記していた言葉をご紹介します。この時期、中村天風《てんぷう》先生の著書を読んでいました。初の日本シリーズを迎えるにあたり心を強く保ちたかったのでしょう。

「座右箴言《ざゆうしんげん》

私はもはや何事をも怖れまい。それはこの世界ならびに人生には、いつも完全ということの以外に、不完全というもののないよう宇宙真理が出来ているからである。否、

この真理を正しく信念して努力するならば、必ずや何事といえども成就する。

だから今日からはいかなることがあっても、また、いかなることに対しても、かりにも消極的な否定的な言動を夢にも口にするまい、また行なうまい。そしていつも積極的で肯定的の態度を崩さぬよう努力しよう。

同時に、常に心をして思考せしむることは、〝人の強さ〟と〝真〟と〝善〟と〝美〟のみであるよう心がけよう。

たとえ身に病があっても、心まで病《や》ますまい。たとえ運命に非なるものがあっても、心まで悩ますまい。否、一切の苦しみをも、なお楽しみとなすの強さを心にもたせよう。

宇宙霊と直接結ぶものは心である以上、その結び目は断然汚《けが》すまいことを、厳《おごそ》かに自分自身に約束しよう」


『運命を拓《ひら》く　天風瞑想録』中村天風著（講談社文庫）

初めての日本シリーズを前に不安があったのでしょう。この言葉を自分に言い聞かせて大舞台に挑もうと決意したのだと思います。

日本一達成の翌日、福岡に帰ってくると熱烈な歓迎を受けました。空港にはたくさんのファンの方々が迎えに来てくれていました。

「日本一を達成したんだ」と実感できたのは、周りの方々からの「おめでとう」のかけ声を聞いたときや王監督が胴上げされている新聞を見たときでした。楽しみにしていたパレードが十一月七日に行われましたが、これも初めての経験です。ものすごい人でごった返しています。

どこを見ても笑顔、笑顔、笑顔。人に酔うとはこういうことだと知りました。ビルの上からは桜の花が散っているかのように紙吹雪が舞ってきます。これだけの福岡県民、いえ九州の人たちから愛されているホークス選手は幸せだと感謝の気持ちでいっぱいになりました。「また来年も優勝したい」という思いがさらに強くなりました。

余談になりますが、優勝したときの祝勝会の話です。だいたい各チーム例外なく、優勝が決まった後は選手と裏方さんで食事会と飲み会が設定されます。お店を決めるのは選手会長の仕事です。その選手会長が決めた店に集まり、宴会が始まるわけですが、この優勝した後の飲み会はとてもテンションが高くなります。

特に九州移転後初優勝のときは私を含め、何人かがぶっ倒れました。途中から全く記憶がありません。何時に帰ったのか、誰と帰ったのか、どのようにして帰ったのか全く覚えがないのです。酒はそんなに弱いほうではありませんが、あのときばかりはよく家で寝てたなと自分をほめてあげたいくらいです。

後から聞いたところによると、ろれつが回らず言葉も聞き取れないので、タクシーの運転手さんに住所を告げることもできず、後輩の林孝哉がタクシーに同乗してくれたそうです。悪態をつく先輩に腹を立てながらも、私を家まで送り届けてくれました。

翌日、二日酔いで目が覚め、顔を洗おうと洗面所に行きました。鏡に映った自分の顔を見てびっくり。そこには肌が見えないくらいに落書きされた私がいたのです。油性マジックだけに落とすのにもひと苦労でした。

この後、何度か優勝しました。当然、その数だけ祝勝会もありましたが、これほどひどい状態にはなっていません。ほかの選手からは「違う!」と言われてしまいそうですが……。

自主トレーニング

プロ野球選手はキャンプインの前に、各々が好きな場所で自主トレーニングを行います。私の二〇〇〇年の自主トレは前年に引き続き、奄美《あまみ》大島で行いました。奄美大島の一月の平均気温は十五度前後です。福岡よりは暖かく、トレーニングするにはちょうどいい気温です。

この年は私と斉藤和巳《かずみ》(現・福岡ソフトバンクホークス四軍監督)、林孝哉の三人での自主トレです。

斉藤和巳とは一九九八年の肩の手術のときから仲よくなりました。私が手術した病院で、彼も一週間後に手術をしたのがきっかけです。同じ右肩の手術で、しかも一週間違いです。リハビリメニューが同じなので、自然に仲よくなりました。それまで彼とはほとんど話したことはありません。その入院生活があり、彼のほうから自主トレに参加させてほしいと言ってきました。和歌山県立箕島高校から入団した二歳下の林孝哉とは、和歌山つながりということで、ずっといっしょに自主トレをしていました。

私は自主トレというのは、キャンプに入る前の準備だと思っていました。しかし、秋山さん、工藤さんにオフシーズンの過ごし方や自主トレのメニューなどを聞く機会があり、それから考え方を一新しました。

先輩方は、自主トレでとことん身体を追いこんでいたのです。秋山さんのメニューでは、中学、高校時代にやっていたような、下半身サーキットを取り入れていました。工藤さんは、キャンプでチームから課せられるランニングメニューを軽くこなせるくらいの練習を、自主トレで行うと聞きました。

理由を聞くと、キャンプで決められているチームの練習がきついと感じれば、自分のやりたい練習までたどりつかないからという話でした。こんな先輩方の話を聞いて、これまでかなりやっていたほうだと思っていた自分が恥ずかしくなりました。
この時期から私の自主トレのメニューは変わり始めました。
参考までに二〇〇〇年の自主トレメニューを掲載しておきます。

◎二〇〇〇年自主トレ

七時　起床、散歩、朝食
八時半　出発
九時　三十分間走
二百メートル走×十本
四百メートル走×五本
百メートル走×十五本
下半身サーキット　十三種目
体幹部トレーニング
ストレッチ
十二時　キャッチボール

十二時半　昼食
十三時　体育館に移動
　　　　ウェートトレーニング
　　　　瞬発系トレーニング
　　　　バドミントン＆卓球
十五時　海岸に移動
　　　　階段＆坂道ダッシュ十〜十五本
　　　　砂浜ダッシュ十本
十七時　マッサージ
十九時　夕食

　ざっとこんなメニューです。斉藤和巳に聞いてもこのころが一番きつかったし、よく走ったと言います。たしかに、もう一回、同じ量を走れるかと聞かれれば無理でしょう。

　しかし、若いときにこれだけ練習したから、四十一歳まで現役を続けることができたと自信を持って言えます。私は、自主トレ期間は下半身を鍛えあげる。そして二月のキャンプインと同時にバットを振りこむと決めていました。

この何年か後に川﨑宗則《むねのり》も連れていったことがあります。歯を食いしばって同じメニューをこなしていました。これ以上できないくらい鍛えあげたつもりでしたが、夕食後、私に隠れて飲みに出かけていたようです。

それを後から知った私は、「練習も遊びもどちらも全力でできる者がレギュラーになれるのだ」と確信しました。若くしてレギュラーをとるような選手は、生きることのエネルギーがみなぎっているということでしょう。

何に対しても全力で取り組む、出し惜しみしないということが成功への鍵となる。そのように思います。

連覇に向かって

「初優勝より十倍難しい連覇」

王監督のこの言葉とともに二〇〇〇年のキャンプはスタートしました。ボクシングの選手も世界チャンピオンになることよりも、その後防衛を重ねることのほうが難しいと聞いたことがあります。チャンピオンをとりに行くときと、とった後ではいろいろな要素で違いが出てくるのでしょう。達成感から来る気の緩みやハングリーさの欠如、守ろうとすることによる消極的な姿勢。多分、王監督はそのようなことを戒めるためにも、あえて口にしたのだと思います。

私はこの年から選手会長に就任しました。選手会長と、最近多くなったキャプテン、読者の皆さんはこの違いがおわかりになりますか？　はっきりした区別があるわけではありませんが、選手会長は選手の意見を集約して、その代表として自分が所属する球団と交渉したりします。またプロ野球選手会の労働組合としての会議に出席してチームを代表して意見を述べたり、チームの選手の代理で決議したりします。

具体的に言いますと、例えば遠征先のホテルの食事がよくないとします。選手からあそこのホテルの食事をどうにかしてほしいという意見が出ます。すると、選手会長は球団代表や運営部にかけ合って、「もう少し品数を増やしてほしい」とか、「温かい料理を食べられるようにしてほしい」などと交渉するのです。福岡ドームの温水洗浄便座の設置は、私の選手会長時代の提案です。もちろんすべてが通るわけではありませんが、そうして球団とのコミュニケーションをはかりながら、よりよい環境にして優勝を目指していくということです。これはあくまでもたとえ話です。

一方キャプテンというのは、あくまでも現場での話です。それこそ、先頭に立ってチームを引っ張るのです。チーム状態が悪いときなど選手同士でミーティングしたりしながら、とにかく勝つために集団をまとめます。

二〇〇〇年、私が選手会長で秋山さんがキャプテンを務めていました。最初は私が中心になり選手同士でいろいろ考え、基本的に最後はいつも秋山さんに意見を求めるというスタンスでいきました。選手会長という立場もあり、フロントの方に意見を言ったこともあります。このあたりは後でジャイアンツに移籍する話のところで触れようと思います。

オープン戦で王監督が懸念していたことが現実となっているような記述が手帳に残っています。

三月十三日のメモ、王監督の言葉です。

「とにかく元気がない。プロとして最低限なければいけない、元気、闘争心が全く出ていない。もっと気持ちを前面に出せ」

その後に、自分自身の決意を「自分の調子に関係なく、声を出してはつらつとプレーすること」とメモしています。はっきり言って、闘争心がないと言われるのはプロとして失格、恥ずかしい限りです。

オープン戦の途中とはいえ、王監督は危機感を感じたのだと思います。早めに対処しないと、取り返しのつかないことになるかもしれないと。そういう監督の厳しさが選手にも伝わり、このシーズンも順調な滑り出しができました。

私はプロ二年目からずっと手帳を持ち歩いているのですが、このシーズンの手帳に書きこんである量が極端に少ないのに気づきました。日記ではなく、気になったことや、心に残る言葉などを書き留めているので、書いていない時期が二週間もあったりします。私も五月に右手親指付け根を痛め四、五試合休みましたが、それ以外は大きな調子の波もなくシーズンを戦えていたからだと思います。

順調なシーズンだと気になることも少ないのかもしれません。それにこのシーズンの記憶があまり残っていないことにも気づきました。

振り返ってみて印象に残っていることは、じつは苦しかったときがほとんどです。また失敗したこともよく覚えているものです。そう考えると、人は失敗から学ぶことが圧倒的に多いことがわかります。同じミスは繰り返さないように気をつけたり、上手くいかなかったときに創意工夫をこらす努力、そして時間。こういう過程を経ることが成長につながる気がしてなりません。

二〇〇〇年のシーズンで忘れられないできごとがあります。尊敬する秋山さんが出場二千試合目に通算二千本安打を達成されました。

八月十八日、北九州市民球場でロッテの、ジョニーこと黒木知宏《ともひろ》投手（現・千葉ロッテマリーンズ投手コーチ）からレフト前ヒットを放ち達成です。お嬢さんが花束を持って駆けつけるのをベンチからながめながら、みんな総立ちで拍手を送りました。

数日後、秋山さんに向かって、「二千本安打を達成して、モチベーションが下がったりしないのですか?」と質問した記憶があります。はっきりと「それはないな」と答えられました。その後に、「コク(私のチーム内の呼び名)も続けよ」と言われ、苦笑いを浮かべました。

このときの私の通算安打数はまだ七百本にも満たない数字です。心の中では「無理だな」と思ったのを覚えています。

二〇〇〇年は何といっても、ON《オーエヌ》で沸いた対巨人の日本シリーズです。現役生活の中であれだけの報道陣を見たのはあのときが最初で最後です。第一戦の前日に公開練習があるのですが、そのときに王貞治・長嶋茂雄の両監督によるフォトセッションがありました。すさまじい数のフラッシュを浴びながら握手を交わしていました。「絵になるおふたりだ」と思いました。

このシリーズは連勝スタートを切ったものの、その後四連敗を喫して日本一には届きませんでした。私は第三戦で左脇腹を痛めてしまいました。かなりの痛みがあり、全くひねることができない状態だったので、第四戦は欠場し、第五戦は痛み止めの注射を打って出場しました。しかし、思うように身体は動かず、チームに迷惑をかけ、責任を感じました。

結局第六戦も出場は困難な状態だったので、スタメンからは外れました。敗戦直後の王監督はすぐにベンチ裏側に引き揚げました。王監督としては珍しいことです。普段は最後のインタビューまできっちり見届ける方ですが、よほど悔しかったに違いありません。

世紀のON対決になった日本シリーズの大舞台で、全く力になれなかったことが悔しくて、また申し訳ない気持ちでいっぱいになりました。

パ・リーグを連覇した喜びは消され、敗者という悔しさしか残りませんでした。日本シリーズは出るだけでは意味がない。最後に勝たないとこんな気持ちになるんだということを経験しました。

ホークスは確実に強いチームへ向かって歩み始めました。私より後に入団してきた選手が確実に力をつけて、レギュラーに定着するようになったのが要因だと思います。

王監督になってから入団してきた選手たちが、プロとしての心構えや、考え方、厳しさを監督から直接聞くことができたのは大きかったと思います。松中、井口、柴原洋《ひろし》、城島、これらの選手が中心となったチームは、ファンから見ても大いに期待できる戦力だったと思います。

特に二〇〇一年、私を含め同じチームの四人が三十本塁打以上という、パ・リーグ史上初の快挙もありました。私はこの年、私自身最多となる四十四本のホームランを放ちましたし、松中は三十六本、城島が三十一本、井口は三十本を打ちました。

しかし、シーズン後半に近鉄に追い抜かれ、パ・リーグ三連覇を成し遂げることができませんでした。

この年はリーグ全体としてもよくホームランが出たシーズンでもあり、私より多く打った選手が三人います。タフィー・ローズ選手（当時・近鉄バファローズ）にアレックス・カブレラ選手（当時・西武ライオンズ）、そして中村紀洋選手（当時・近鉄バファローズ）です。最後は近鉄バファローズの「いてまえ打線」に優勝をさらわれた形となりました。

人生を変えた大けが

二〇〇一年、二〇〇二年くらいはちょうど三十歳を過ぎたころです。経験も体力も技術も、脂が乗ってきた時期と言えると思います。そんな中、迎えた二〇〇三年のことです。この年から自主トレ地をハワイに変更しました。特にこれといった理由はなく、プロの世界で結果も残し、ちょっと調子に乗っていたかもしれません。それに優勝旅行で二度ハワイに来ていたので、気に入ったというところもあります。

自主トレのメニューは、奄美大島であろうが、ハワイであろうが変わることはありません。相変わらずのハードメニューです。それをしないと自主トレをした気分になりません。この年はとにかく絶好調で、身体はよく動くし、疲れは残らないし、今シーズン何か大きな記録を打ち立てるんじゃないかと思えるくらい、自分自身に期待できました。

そんな調子を維持したまま迎えたキャンプは、今までにないくらいの仕上がりを見せました。打球もよく飛ぶし、キレもあります。個人的には二〇〇一年の四十四本を上回るシーズンにするという目標がはっきりしていました。

そうして迎えたオープン戦も絶好調を維持していました。新井宏昌《ひろまさ》打撃コーチからも、今季はかなりの数字を残せるとお墨つきをいただきました。

そんな中、三月六日を迎えたのです。

連戦続きということもあり、この日のオープン戦は当初、休養日にあてられていました。しかし、相手は西武ライオンズです。同じパ・リーグの投手とは対戦しておきたいと思い、出場を直訴しました。そしてあのプレーが起こりました。

プロ野球選手としての人生を左右する大けがです。右膝前十字靭帯《じんたい》断裂、内側側副靭帯断裂、半月板損傷、脛骨《けいこつ》・大腿骨《だいたいこつ》挫傷が診断名です。

私は一塁にランナーとして出ていました。松中信彦のレフトオーバー、フェンス直撃の打球に対し、打った瞬間に「この当たりならホームまで帰れる」と思い、走り出しました。勝呂壽統《すぐろひろのり》サードコーチャー（現・読売ジャイアンツ女子チームコーチ）の右手もぐるぐる回っています。タイミング的にクロスプレーになることはわかりました。一瞬、キャッチャーの足の間にホームベースが見えたので、そこにスライディングして右足を滑りこませました。

その直後、「ブチッ」というすごい音と、同時にとんでもない痛みが身体をかけめぐりました。

野球を好きな読者の方は、そのシーンをテレビでご覧になったことがあるかもしれません。とにかく痛みが激しく、起き上がることすらできません。すぐに担架で運ばれ、救急車に乗って病院に直行しました。その日は入院になりましたが、これから先のことを考えると不安になり、あまり眠れませんでした。

手術の選択肢しかない状態です。半年はプレーできないのを覚悟しました。実際には一年かかったのですが、この時点では半年後のシーズン後半に間に合えばという考えでいました。

翌朝、たくさんの報道陣が待ち構える中、松葉杖を突きながら退院することになりました。心の中は不安でいっぱいでしたが、気丈に受け答えをしてタクシーに乗りこみました。

その後、球団のフロントの方から連絡があり、シーホークホテルまで出向きました。当時のオーナー中内正さんから、「とにかく最善の方法で、最短で戻ってこられるようにしてほしい」と言われ、そのためには何でもバックアップするとまで言ってもらいました。

とにかくこのけがについての情報を集めるために、いろいろなところに連絡して、このけがから復帰するには何がベストなのか模索する日々が続きました。

そして、けがから一週間経ったころ、アメリカ西海岸のロサンゼルスにいる、ルイス・ヨーカム博士にアポイントメントが取れるかもしれないと連絡が入りました。ヨーカム博士は、ロサンゼルス・エンゼルスのチームドクターを務めていました。ロサンゼルス・エンゼルスと言えば二〇一八年から二三年まで大谷翔平《しょうへい》選手が所属していたチームで、赤いユニフォームが特徴です。

桑田真澄さんが肘の手術を受けたのがフランク・ジョーブ博士ですが、名前を聞いたことがある読者の方も多いのではないでしょうか。このジョーブ博士の弟子にあたるのが、ヨーカム博士です。このヨーカム博士は、これまで数々の日本人メジャーリーガーの執刀をしてきました。現在カープの球団アドバイザーを務める黒田博樹投手、現在日本生命特別コーチの福留孝介選手、元ボストン・レッドソックス松坂大輔投手、そして現在ソフトバンクホークスの和田毅《つよし》投手などです。

なかなか豪華なメンバーです。博士が得意としているのは、松坂投手、和田投手が受けた、トミー・ジョン手術という肘の靱帯の移植手術です。和田投手は二〇一二年の手術から回復し、二〇二三年シーズンには八勝を挙げました。

球団への不信感

そのヨーカム博士とのアポイントメントが取れ、いよいよロサンゼルスに向け出発しようとした前日のことです。球団から再度呼び出しがあり、シーホークホテルまで行きました。不謹慎ですが、餞別《せんべつ》でももらえるのかなと思い、軽い気持ちでドアをノックして部屋に入りました。

しかし何やら様子がおかしいのです。中内オーナーや、フロントの方が数人いましたが、なかなか口を開こうとしません。中内オーナーが重い口を開きました。

「この前の話はなかったことにしてほしい。アメリカで手術することになれば経費がかかる。規定通りの七十万円は出すが、それ以外の費用は自分で払ってくれ」

一瞬、耳を疑いました。理解するのに少し時間も必要でした。つい先日、「何でもバックアップするから」と言った同じ人の口から出た言葉とは思えません。

私はこのとき、もうこのチームで必要とされていないと思い、ホークスに対する気持ちが離れていくのを感じました。

「わかりました。このけがはすべて自分で治します。お世話になりました」

こう言い残し部屋を出たのです。松葉杖を突く手が怒りで震えていました。

多くの人が見ている試合中のアクシデントです。そして前言撤回。とても大人の対応とは思えませんでした。このときホークスのフロントに対して決定的な不信感を抱くことになりました。

それまでにも選手会長という立場上、球団に対していろいろと意見を述べてきました。私情ではなく選手の意見を代表して発言してきました。決して自分勝手な意見を述べたつもりはありません。

例えば、選手サロンでのことです。選手サロンというのは、試合前に監督はじめコーチ、選手、裏方さんなどが食事をとったりする場所です。町の定食屋さんのように「とんこつラーメン」「しょうゆラーメン」「うどん」「そば」など張り紙がしてあります。もちろん値段は書いてありません。ゆったり新聞を読む選手がいれば、広報と取材の打ち合わせをする選手もいます。いわば身内だけが使える場所です。

その選手サロンに見知らぬ外部の方が出入りしていた時期がありました。例えば、取引先の役員やその場所にそぐわない派手な衣装を着た女性。こういう人たちを連れこむ人が、フロントの一部にいたのです。

私たちはファンがあってのプロ野球選手です。もちろんサインを求められれば応じます。

しかし、唯一、外部との接触が避けられている選手サロンを私物化するのは許せません。くつろいでいる選手側からすれば当然不満が出ます。試合前の、食事をとる時間に知らない人と写真を撮らされたり、サインを書かされたり、中にはそれが嫌でロッカーまで食事を持っていく選手もいました。選手会長の私は、当然やめてもらうように意見します。

またこんなこともありました。勝利した試合の後はヒーローインタビューがあります。フロントの方がそこへ、ゲストルーム「スーパーボックス」でいっしょに見ていた女性を連れてきたりします。そして、そのヒーローといっしょに写真を撮ったり、サインを書かせたりするのです。百歩譲って、ここまでは許しましょう。

許せなかったのは、ものすごく酒臭かったことです。顔が真っ赤で酔っています。それに、その女性たちを連れてグラウンドに出てくるのです。

テレビの放送で、ヒーローになった選手はベンチ裏に下がるまで撮られています。

そこにその人たちも映ります。他球団の選手からも「あの人たちは誰？」とよく聞かれました。こういったことに私は抗議してきました。

まだありますが、暴露本ではないのでこの辺でやめておきます。

私のこうした、ものを申す行為がフロントの人たちにしてみれば目障りだったのでしょう。その場で言い合いになったことはありませんが、今の私から振り返れば、たしかに自分も若かったと思います。同じ意見を述べるのでも、もう少し言い方というものがあったと思います。また、けんか腰だったかもしれません。勝つためにチームを引っ張るという意識が強かったのも事実です。そのため「私が言わなければ誰が言うのか」と意気ごんでいたのかもしれません。

こうしたことがフロントの一部との不和を招いたのでしょう。最終的にジャイアンツに移籍することになるのですが、これはもう少し後で述べます。

私は全額自腹で治すと覚悟を決めました。

「必ず復活してみせる」。そう心に誓い、飛行機に乗りこみました。

リハビリ生活

さていよいよ診察の日がやってきました。この時点でも、私は一日でも早く手術をしてもらい、リハビリをして今シーズン中には復帰したいと本気で考えていました。X線とMRIを撮り終え、待合室で順番を待っていました。手術はいつしてもらえるのかなどと考えていました。名前が呼ばれ診察室に通されました。アメリカの病院には、診察室がたくさんあります。そこに患者さんを待たせておき、医師が部屋を診て回るシステムになっています。

私の部屋にヨーカム博士が入ってきました。第一印象は、ケンタッキーフライドチキンの創業者、「カーネル・サンダース」にそっくりだと思いました。最初から親近感が湧きました。

まずは触診です。象の脚みたいに腫れ上がった右膝を見ながら、しかめっ面になり「これはひどいな」といった感じで、帯同していたホークスのATC（アスレティックトレーナー）鈴木清さんに話していました。彼は英語が堪能です。撮った画像もチェックして出た結論は、右膝前十字靱帯（ACL）は再建手術を行い、内側側副靱帯（MCL）は保存治療ということでした。ただ、このACLの手術は、通常腫れが引いてから行うものらしく、すぐに手術をすることはできないということでした。ヨーカム博士は私に向かってこのように話してくれました。

「私は過去に何度もACLの再建手術は執刀してきた。だから心配しなくてよい。手術後のリハビリをしっかりやれば一年後にはグラウンドに戻れるよ」

このとき、私の胸の中に、希望の光みたいなものが広がっていったのを覚えています。

「しっかりリハビリして必ずグラウンドに戻るんだ。焦らずじっくりやっていこう」

そう心に決めたのでした。

そういうわけでこの時点ではまだ手術日を決めることはできません。まずは腫れを引かせることに専念し、手術前のリハビリをしっかりやりなさいということでした。

たしかこの診察日が、二〇〇三年三月十八日だったと思います。最初は病院の施設でリハビリしていましたが、その施設を利用するだけでもかなりの金額になります。アメリカの医療保険には当然入っていないので、診察時のMRIだけでも軽く十万円を超えます。ドクターの診察代はまた別です。たった一週間でかなりの出費になりました。

そこで鈴木清さんが、昔留学していたころの友だちと連絡を取ってくれました。カリフォルニア州立大学ロングビーチ校の施設を無料で借りられるようにしてくれたのです。この大学の近くのコンドミニアムに移りましたが、空港近くのホテルに比べると割安で宿泊費もずいぶん節約することができました。

毎日、アメリカの学生といっしょにリハビリです。英語は話せないので最初はどきどきしていましたが、人間、慣れてしまえば、何とかなります。一週間もすれば、何となくコミュニケーションもとれ、楽しくなってきました。

この大学の出身で有名なメジャーリーガーがいます。バルセロナ五輪で戦った、ジェイソン・ジアンビーです。校内に彼の功績を讃《たた》える賞状のようなものが飾られていたのを覚えています。

手術前のリハビリの効果もあり、腫れが引いた右脚は日常生活で支障がなかったので、手術は必要ないのではと錯覚するほどです。エンゼルスの球場にイチロー選手の試合を見に行ったり、一度だけゴルフをしたりしました。前十字靭帯がなくても遊び程度のゴルフならできました。

そして、ヨーカム博士に診断してもらった結果、手術日は四月二十五日に決定したのです。

いよいよ手術の日がやってきました。朝から少し緊張していました。全身麻酔なので起きたら手術が終わっているとはいえ、多少の不安はありました。手術の二時間前に病院につき、書類を書いたり、術後に服用する薬の説明があったり、リハビリ用の膝を動かすマシーンをレンタルしたりしました。そうこうしているうちに看護師が迎えに来ました。

着替えを済ませ、点滴、心電図、血圧計などのセットが完了しました。後は点滴で麻酔薬を投入するだけです。このとき、特別に許可をもらって鈴木清さんがビデオカメラ片手に手術室まで入ってきました。後で自分が受けた手術を見ましたが、メスを入れるところや、前十字靱帯の代わりになる、白く映った膝蓋腱《しつがいけん》を見ると食欲が失《う》せました。あのビデオテープはいったいどこにいったのでしょう。もう一度見てみたい気もしますが。

どんな手術か説明しておきましょう。右膝前十字靱帯の再建手術です。私の場合は、右のお皿の下にある膝蓋腱を切って、前十字靱帯に移植する方法です。この手術には主に二パターンあり、私のように膝蓋腱を使うか、ハムストリング（太ももの裏側の筋肉）を使うかにわかれます。

私はヨーカム博士の勧めで、膝蓋腱を移植しました。リハビリ段階で膝蓋腱に炎症が起こるリスクはあるが、膝蓋腱のほうが強くて長持ちする。つまり再発の可能性が低いということでした。そこは医師に委ねるしかありません。

手術自体は一時間半で終わりました。麻酔から覚めて、車いすに乗せられ三十分くらい休憩しただけで、ホテルに戻りました。

アメリカでは手術後のリハビリのために入院することはほとんどありません。朝六時過ぎにホテルを出発し、正午前にはホテルのベッドの上でリハビリが始まっていました。足先を軽く固定させ、その上に置いておくだけで、自動で膝が伸びたり、曲がったりする、ACL再建手術専用のリハビリマシーンを使いました。勝手に動かしてくれるとはいえ、曲がるたびに痛みを伴います。寝るときもそのままで、トイレ以外はつけっぱなしでした。

なぜそこまでするのかと言えば、手術後にそのまま放置している時間が長いと、固まってしまうらしいのです。いざ本格的にリハビリを始めようとしても、可動域が戻るまでにかなりの時間を要してしまうので、このマシーンが導入されたようです。

手術が終わっても、特に球団フロントからの連絡はありません。鈴木清さんは報告だけはしていたと思いますが。私は手術費などをクレジットカードで支払っていました。本当に高額の医療費でしたが、こちらからは意地でも連絡をしないと決めていました。球団を見返すためにも「必ず復活してみせる」と心に強く誓いました。

松中信彦や斉藤和巳には「手術、無事成功」というメールを送りました。彼らからは「チームのことは心配しないで、引き続きリハビリがんばってください」と励ましの言葉をもらい、うれしかったのを覚えています。

アメリカで手術を受ける日本人の野球選手はたしかに多いと言えます。日本のドクターもかなりレベルが高いのは知っています。しかし、なぜアメリカを選ぶのか？その理由は症例の多さにあるのではないかと思います。私も「このけがはリハビリさえしっかりやれば、一年後には必ずグラウンドに立てる」とはっきり言われました。私のほかにも復帰した選手が多数いると知るだけで、勇気が湧いてくるのを感じます。

もうひとつの理由として、リハビリ施設の充実とPT（理学療法士）のレベルの高さが挙げられます。アメリカではドクターとPTは同じ立場にあります。日本では医者のほうが立場が上になります。PTが医者に意見を述べることはできません。法律が違うので仕方ないことですが、アメリカのPTは開業する権利があります。そのような背景があるので、リハビリの専門施設の間に競争が生まれます。だからPT個々のレベルも上がるのだと思います。

私は、アリゾナ州テンピにある「フィジオセラピー・アソシエイト」でリハビリを行うために、ロサンゼルスから車で六時間かけて移動しました。距離にして約四百マイル（約六百四十キロメートル）なので、福岡から京都くらいです。術後一週間が経っていました。私はこれ以降、何度もロサンゼルス・アリゾナ間を車で行き来することになりましたが、この道は大好きになりました。

ロサンゼルスから向かう途中にパームスプリングスという街があるのですが、風力発電のための風車が地平線まで続いています。最初に見たときはスケールの大きさに度肝を抜かれました。地平線まで続く、砂漠の真ん中を通るフリーウェイを、一度の休憩をはさむ以外は走りっぱなしです。

アリゾナ州に入ると、皆さんがイメージしやすいサボテンが生えています。気持ち悪いくらい大量のサボテンを見ながら進むと、ダウンタウン・フェニックスが見えてきます。このときは当然運転することはできないので、鈴木清さんがひとりでがんばってくれました。

到着したのが夜の六時くらいだったでしょうか、今日からの宿になるレジデンス・インというホテルでチェックインを済ませると急に空腹が襲ってきました。このときが人生で初めてのアリゾナです。当然店なんて知っているはずがありません。電話帳で調べて、とりあえず和食にすることにしました。海のない砂漠の街ですが、電話帳には十軒くらいの和食レストランが載っています。迷った末、ホテルから近い「ハッピーボウル」という店に決めました。夫婦ふたりで営んでいる店でカツ丼を食べ、お腹《なか》もいっぱいになりました。

会計を済ませ、満足して帰ろうとしたそのときです。一枚の大きく引き伸ばした写真が目に入りました。

そこに写っていたのは、何と王監督だったのです。このときの私と鈴木清さんの驚きようといったらありません。こんなところでも見守ってくれているんだと感動したのです。

店主に聞くと、数年前ロッテがアリゾナで春季キャンプを行った際に、昼食を担当したということでした。その縁で、翌年日本に帰ったときにロッテ関係者にお願いして、王監督と写真を撮らせてもらったということでした。

今思えば大した話ではないかもしれませんが、そのときは次の日から始まるリハビリに多少の不安があり、また日本を離れ一か月半が経っていたこともあって、何かさびしさみたいなものを感じていたのかもしれません。

そして、いよいよ復帰に向けた本格的なリハビリがスタートします。フィジオセラピー・アソシエイトでの私の担当PTはキース・コッカーさんです。キースさんとヨーカム博士は厚い信頼関係で結ばれています。ヨーカム博士が一番信頼しているPTです。

またその施設自体が、博士がチームドクターを務めるロサンゼルス・エンゼルスと業務提携しているという関係です。エンゼルスの選手がけがをすればこのフィジオセラピーに送られてきます。ここでリハビリをしてチームに返すというシステムです。

エンゼルスのほかにも数球団と同じ形で業務提携しています。そんな施設なので野球選手がたくさんいました。もちろん一般の患者さんもいますが、野球選手専用スペースのようなところがあるので、リハビリするにはとてもよい環境です。

毎朝十時から私のリハビリは始まります。キースさんのセラピーを受けるのが、月、水、金曜日の週三回です。セラピー自体は十五分ですが、とにかく痛い。顔にかけられているタオルをかみたくなるくらい痛いのです。術後はどうしても可動域が狭くなります。本来曲がるところまで膝が曲がらない、また伸ばせない状態です。それを無理やりストレッチします。

キースさんにしてみれば、何人もそうして復帰させています。自信満々の慣れた手つきです。その姿を見ると、こちらも安心できて、素直に身体を預けることができました。復帰に向けて痛みさえ我慢すればいいんだと腹をくくりました。キースさんとの信頼関係は一回のセラピーで築けました。そうはいっても、その後もセラピーの日は少し憂鬱《ゆううつ》でしたが……。

アメリカの球場

この年は日本とアメリカを行ったり来たりしました。トータルで半年近くはアメリカで生活していたことになります。

リハビリ以外の楽しみと言えば、アリゾナ・ダイヤモンドバックスの試合を見に行くことです。通称「Dバックス」。ここでも野球の話ですみません。州都フェニックスにある球場は「バンクワン・ボールパーク」の名称で（現在は「チェース・フィールド」）、屋根が開閉式のスタジアムです。鮮やかな天然芝の濃い緑が目に飛びこんできます。

この球場の名物と言えば、右中間の客席にプールがあることです。金髪をなびかせ、カラフルな水着を着たお姉さんたちが、ビール片手にややテンション高めなのが目につきます。アメリカの球場は左右対称にはつくられていません。ここが日本との大きな違いです。理由は知りません。それから天然芝がほとんどで、人工芝の球場が圧倒的に少ないのも特徴です。

球場内の雰囲気は、とにかく明るく楽しい人が多いので、大きい話し声や笑い声が絶えません。本当に笑顔をよく見かけます。

試合が始まると、「アメリカの観客は野球を見ている、知っているな」と感じました。守備における踏ん張りどころや、攻撃時のここ一番のチャンスのときの雰囲気が、明らかにそれ以外のときと違います。

応援のとき、日本と違って鳴り物は使用されません。普段は静かなので、ピッチャーが投げたボールがキャッチャーミットに収まったときの音がはっきり聞こえます。またバッターが打ったときの、あの乾いた打球音もたまりません。

しかも、試合の流れにファンが反応して立ち上がったり、指笛を鳴らしたりするタイミングが絶妙なのです。プレーヤーからすれば、野球自体を見られている感覚が伝わってきます。リハビリ中の息抜きとしてはぜいたくな時間だったと思います。

好きな投手、苦手な投手

何度か球場に足を運んだり、フィジオセラピーで現役バリバリのメジャーリーガーに会ったりしていると、自然に「俺はメジャーで通用するかな」なんてことも考えました。ホークスのユニフォームを着て、翌年プレーすることを考えにくくなっていたのも事実です。

じつは自分自身の市場調査も行っていました。二〇〇三年ですから、まだメジャーリーグに挑戦している日本の選手は、野手ではイチロー選手、松井秀喜選手、新庄剛志《つよし》選手、田口壮選手と外野手だけでした。私が翌年挑戦すれば初の内野手メジャーリーガー誕生となる可能性がある。正直に言って、何事も一番が好きな私は魅力を感じました。ただ、あの大けがを負った私が、次の年にチャレンジするにはリスクが大きすぎたのは事実です。

メジャーと言えば、花巻東高校時代の大谷翔平投手が、二〇一二年のドラフト前に日本のプロ野球を経験せずに、米球界にチャレンジすることを表明しました。結局、北海道日本ハムファイターズを経てメジャーに移籍しましたが、今後も直接米球界入りを目指すアマチュア選手が出てくるでしょう。

時代の流れには逆らうことはできません。日本のプロ野球界がより魅力的になっていく以外ありません。すでに、メジャー帰りの選手が日本で再びプレーするのは当たり前になっていますが、帰ってきた選手はアメリカのよい部分を伝えながら、さすがだなと思わせるプレーでチームを引っ張ってほしいと思います。

しかしその一方で、「そんなに簡単に活躍させてたまるか」という、NPB（日本野球機構）選手のプライドをかけたプレーが見たいものです。それが日本のプロ野球界の発展につながると思っています。

ダルビッシュ有投手のように、日本人の誇りをもって戦ってくれる姿を見るとうれしくなります。

彼は二〇一〇年のオフに一歩先の目標を見すえて肉体を改造して、二〇一二年からメジャーで投げています。はっきり言って、二〇一〇年と、肉体改造後の二〇一一年のダルビッシュ投手では別人でした。身体も明らかに大きくなっています。私はもともとそんなに苦手にしていた投手ではなかったのですが、パワーピッチングとはこういうことなんだなと思わせてくれました。

投げてくるのは、アウトコース中心のストレートとスライダーだけです。配球の駆け引きもほとんどなしで、コースもあまり狙っていないように感じました。おそらく「力でねじ伏せないと、メジャーでは自分の理想のピッチングができない」と思っていたのだと思います。

私がダルビッシュ投手を苦手としなかった理由は、彼のピッチングフォームにあります。ピッチャーらしい投げ方が私のバッティングフォームには合うのです。どういうことかと言うと、ダルビッシュ投手は、軸足となる右足にしっかりと体を乗せてから、ゆっくり左足に体重移動するフォームです。利き腕を大きくきれいな円を描くように使って投げるのです。私はこのタイプが好きでした。タイミングが自然に合う感じがしました。埼玉西武ライオンズの岸孝之投手（現・楽天ゴールデンイーグルス）や、高校の後輩でもある千葉ロッテマリーンズの吉見祐治投手（現・横浜ＤｅＮＡベイスターズスカウト）などがこのタイプです。

逆に苦手なタイプは、利き腕の動きが小さい投手です。名前を挙げたほうがわかりやすいと思います。千葉ロッテマリーンズ成瀬《なるせ》善久《よしひさ》投手（現・栃木ゴールデンブレーブス選手兼任ヘッドコーチ）、ホークスの和田毅投手みたいなタイプです。後は、北海道日本ハムファイターズ吉川光夫投手（現・栃木ゴールデンブレーブス選手兼任コーチ）のように、ランナーが出たときのクイックモーションが速いピッチャーです。まあ、吉川投手の場合は、普通でもとんでもないストレートを投げていたので、それが苦手だった原因かもしれませんが。私は一本足でタイミングを取るバッターだったので、どうしても足を上げる時間が短くなる投手が苦手でした。

ただ、自分が得意だと感じていても打率が低かったり、苦手だなと思っていても対戦成績はまあまあだったりするのが、野球のおもしろさでもあります。毎年同じ投手、特にローテーション・ピッチャーなんていうのは、三年間で五十回以上対戦するので、結局やったり、やり返されたりの繰り返しになるのです。大幅に話がそれました。元に戻しましょう。

私は今から振り返ると、この二〇〇三年の経験があったからこそ四十一歳まで現役でいられたのだと思います。この年に自分の身体に対する意識が高くなったからです。例えば、トレーニング方法です。それまではかなり重たい負荷をかけて筋肉を部分的に鍛えていました。とにかく筋肉を大きくすることを目的としたやり方です。

何も重たい物を持つことや、身体を大きくすることを批判しているわけではありません。中にはウェートトレーニングのおかげで、人一倍身体が大きくなったことが自信につながり、レギュラーポジションをつかんだ選手もいます。

私が言いたいのは、人それぞれ特性があるので、自分に合ったものを見つけることが大切だということです。私に関して言えば、上半身と下半身の力の割には、体幹部が極端に弱かったのです。そのことにこの二〇〇三年に気づきました。

筋肉に重い負荷をがんがんかけるトレーニングには慣れていたのですが、股関節、体幹部のトレーニングはあまり取り入れたことがなかったので、見た目以上にきつく感じました。今でこそバランスボール（空気を入れて大きく膨らませたボール）を使ってのトレーニングは当たり前になっていますが、この当時の日本では見たことがありませんでした。

その一見、地味に見えるトレーニングが私には合っていたのです。野球の動きに合わせたメニューが多く、部分だけを鍛えるマシーンを使うことは、ほとんどありませんでした。

この一年かけてのリハビリで、主に下半身の強化をしたということになります。普段のシーズンではあり得ないことですが、一年間、下半身の強化をし続けたわけです。

そのおかげでジャイアンツに移籍したときには今までにない下半身の安定感、強さを感じることができました。私はバッティングの際、タイミングを取るために足を上げていましたが、この年以降に感じた、軸足のぶれない、どっしりとした感じはこのリハビリ生活の産物だったと思います。

鍛えるだけではなく、しっかりケアすることもこの年に学びました。今まではどちらかと言えば、やりっぱなしのタイプでした。トレーニングにしても、野球の練習にしても、やるだけやったら、すぐに遊びに出かけていました。しかし、フィジオセラピーでは必ず最後はクールダウンやストレッチがあり、そこまでがメニューに組まれています。

鍛えた後はしっかり休息しなければ身体はできてこないということを学びました。それに、クールダウンをしっかりしておくと、疲れが残りにくいということも実感しました。三十歳を過ぎて徐々に疲れが抜け切らなくなる時期に、身体に対する意識を高めることができたことは、幸運でした。

二〇〇三年の優勝

二〇〇三年のホークスは強いチームでした。私はほとんどアメリカに滞在していたので、ネットによるチェックしかできなかったのですが、私が抜けた四番の穴を、松中信彦が埋める、いえ、それどころか、それ以上の大活躍でチームを引っ張りました。

それに加え井口資仁、城島健司、村松有人、柴原洋、ペドロ・バルデスと六人が打率三割を超えました。また斉藤和巳は帽子の表側に私の背番号9を書き込み（現在は禁止）、私を想う、粋なコメントも出してくれました。最終的に二十勝して沢村賞も獲得しました。ホークスのエースに上りつめたのです。和田毅、杉内俊哉《すぎうちとしや》、新垣渚《あらかき》の同級生トリオも結果を出しました。

帰国後、マジック一で迎えた試合は、王監督や選手たちの配慮のおかげでベンチ横で見せてもらいました。ホークス球団に対して個人的な感情のもつれがあっても、仲間が勝つシーンはやはり見たいものです。

千葉で王監督が胴上げされるのを間近で見ながら、私の気持ちは明日へと向いていました。じつは次の日に術後初めてのフリーバッティングを行う予定だったのです。その日は銀座で祝勝会があったのですが、早々に切り上げて、ホテルに戻りました。もちろん次の日に備えてのことです。

たかがフリーバッティングなのに気持ちが高ぶっていました。こんな気持ちになれたのも、「周りに支えられて今の私がある」と心から感謝できたのもけがのおかげです。

フリーバッティングで何が一番うれしかったかと言えば、痛みがなかったことです。思い切り振れることがうれしかった。たくさん打ちたくても数は決められているので、ぐっと我慢しました。

二〇〇三年の日本シリーズは星野仙一監督率いる阪神タイガースが相手です。私は出場したわけではないので、試合内容までは覚えていません。最後は福岡で日本一になったのは覚えています。

このとき私はスタンドで試合を観戦し、勝ちを確信してから家に帰りました。ユニフォームを着て胴上げに参加するのは遠慮しました。

完全にホークスから心が離れ、翌年は違うユニフォームを着ると決めている選手がいるのは失礼だと思ったからです。このシリーズの最中に私にとって決定的なできごとがあったのです。

トレード

甲子園での試合中のことです。ホークスのフロントの方がスタンドで試合を観戦していました。取り巻きの方々数人といっしょだったようです。その会話の内容が、後で私の耳に入りました。

「今年は小久保がいなかったから優勝したんです。彼がいるとほかのメンバーが萎縮して力を出せないんです」

ここまで言われて、翌年ホークスのために全身全霊をかけてプレーする気持ちがなくなりました。

なぜ私の耳に入ったかと言えば、彼らの真後ろで、私と仲のよい夫妻が観戦していたからです。

日本シリーズの場合は、球団側が持っている席はかたまっています。近くはほとんどが関係者です。そんなところで悪口を言うのですから、私の耳に入ってもよいということだったのでしょう。

私は「とにかくどんな形でもよいからホークスを出してほしい」と、球団側にお願いしました。

日本シリーズの後に中内正オーナーから呼び出しがありました。

「来年からジャイアンツに行ってくれ」

「わかりました。お世話になりました」

本当にたったこれだけの会話でその場を離れました。

中内オーナーと私は青山学院大学の先輩と後輩にあたります。ホークス入団当初から、特に気にかけていただき、何度も食事に誘ってもらいました。私が選手会長としてぶつかった相手は、中内オーナーではありません。私の大けがの際のお金の件も、球団幹部と接するオーナーとしての立場と、後輩を思う気持ちで苦しい状況だったたことは、今になれば理解できます。ただこのときはいろいろな思いが頭をよぎって、一刻も早くその場を離れたかったのです。

私はとにかく新しい環境でスタートを切りたかったので、すがすがしい気分でした。ただひとつ気にしていたことは、王監督に対していち早く報告しなければということでした。

そして王監督が、ある店で仲間うちで晩ご飯を食べていると聞きつけ、失礼を承知で報告にうかがいました。王監督は場所を変えるために自ら先に歩かれ、近くにある喫茶店に入りました。

「監督、お話があります。来年からジャイアンツに行くことになりました」

「何？　もう決まった話なのか。俺は何も聞いていないぞ。どうなってるんだ」

突然のことで、王監督は大変驚かれたと思います。一部のフロントと関係がよくないことはご存じだったと思います。そのことで王監督に相談しようと思ったこともありました。

しかし、王監督は立場的には私と同じで、契約社会で生きています。私が相談することによって、球団との板挟みになり、困らせるのは目に見えています。移籍の事後報告は仕方のないことでした。

王監督から、

「もう、決まったことなら前に進むしかない。ジャイアンツはよい意味でも悪い意味でも注目されるから大変な球団だ。膝のこともあるけど、とにかく結果を残せるようにがんばれ」

最後にそう声をかけてもらいました。

そして十一月三日、午前十時ごろから移籍の記者会見が始まりました。冒頭、中内オーナーは、ジャイアンツにトレードすることになったと話をし、その後、突然涙を見せました。トレードを通告されたときとは、全く違う姿に驚きました。あのときは、淡々と事務的な口調だったのですが、横で涙するオーナーを見て、私のホークス放出は苦渋の決断だったのだと思いました。

それでも、私は表情を変えずに、前の一点を見つめていました。私は新しい環境でプレーできることが決まった以上、何も語らずにホークスを去ると決めていたからです。

「立つ鳥跡を濁さず」の心境で会見に臨んでいたのです。

この会見の後、福岡のテレビ局ではニュース速報が流れ、街では新聞の号外が配られ大騒ぎになったようです。会見後すぐに、お世話になったコーチの方々、裏方さん、選手に電話しました。尾花《おばな》高夫コーチは電話口で「誰がトレードになったの？」と聞いてくるほどで、ほとんどの人が状況を把握できていませんでした。尾花コーチは事情を説明したところ、激しく球団を批判し、また私を励ましてくれました。「何で小久保さんが出ないとだめなんですか？」と、仲のよかった西日本新聞社の山本泰明さんなどは電話口で号泣してくれました。

日本一のパレード後に水を差すようなことになり、ファンの皆さんには悪いことをしました。また、チームメイトにも突然のことで動揺を与え、申し訳なかったと思います。

自分から移籍を志願したことは事実です。自分が間違った主張をしてきたつもりはありません。その思いが強かったゆえに、福岡を離れてでも意志を貫きたいと思ったのです。

移籍先がジャイアンツだったことや無償トレードだった理由は私が知る由はありません。私はただ、どこでもいいから、しがらみのない新しい環境でプレーしたかったのです。

第6章

ジャイアンツ

生え抜き以外で初の主将就任
骨を埋める覚悟だった

2003年11月、巨人入団会見。
新しい挑戦が始まった。

新しい出発

トレードが発表された翌日、私は福岡の西戸崎《さいとざき》室内練習場にいました。東京に引っ越すまでの間、ここの施設を借りられるように球団にお願いしておいたのです。

私にとって何より大切なのがリハビリを継続することです。フリーバッティングもかなりの力で振れるようにはなっていましたが、完治までの道のりはまだまだ長いです。与えられたメニューを黙々とこなしました。

ところが、どこで聞きつけてきたのか、私が西戸崎でリハビリを続けていると知ったファンの方々がぞくぞくと訪れるようになりました。週末なんて三百人くらいのファンでごった返しています。

私はこれまでの感謝の気持ちをこめて、ひとりひとり全員にサインしてから帰るのが日課となりました。ときには二時間近く書き続けた日もありました。私はこれだけたくさんのファンの方々に応援していただいていたんだなと、胸が熱くなりました。

そして迎えた十一月十日、東京の帝国ホテルで入団会見を行いました。ほかに入団選手のいない、たったひとりでの入団会見はもちろんプロに入って初めてです。

席につく前、ジャイアンツの球団旗が目に入りました。よくテレビで見かけた、えんじ色に白文字のGのマークです。この本物の球団旗を見たとき、本当にジャイアンツに入団するんだなと実感しました。今までほかの選手が移籍した際、会見の最後に帽子をかぶらせてもらい写真を撮るシーンをよく見かけましたが、たった今そうしている自分がいるのです。

ジャイアンツのユニフォームに袖を通したときは、やはり身の引き締まる思いがしましたし、また絶対結果を残してやるんだという強い気持ちが湧いてきました。

じつは私は小さいころ、ジャイアンツファンでした。毎晩、テレビでナイターを見ていました。

そのジャイアンツの試合を見ながら育った私が、今度はジャイアンツのユニフォームを着てプレーする側になりました。しかも、あの篠塚和典さんがつけていた「背番号6」を背負って。昔の記憶と現実が入り混じった、何とも言えない心境でした。

翌朝、帝国ホテルの私の部屋にはスポーツ新聞全紙が届けられました。びっくりしました。一面はすべて私の記事です。今まではこんなことはありませんでした。これは大変な球団に来たものだと、改めて思い直しました。

二〇〇四年、いよいよ復活に向けたシーズンの始まりです。

堀内恒夫新監督の下、スタートしたこの年のジャイアンツはすごいメンバーでした。

堀内監督も選手起用に相当頭を悩ませたと思います。

　野手の主力をご紹介します。清原和博選手、ロベルト・ペタジーニ選手、仁志敏久選手、二岡智宏選手、高橋由伸選手、清水隆行選手、タフィー・ローズ選手、江藤智《あきら》選手、元木大介選手、阿部慎之助選手（現・読売ジャイアンツ監督）などです。ほかのチームでは四番を打てる選手ばかりでした。

この中で私の最大のライバルは、ずばり江藤智さんです。サードのポジション争いは江藤さんとの一騎打ちです。ルーキーのころに戻ったかのような、新鮮な気分でした。

膝は多少の不安は残るものの、気持ちはすっきりしていて、それと同時にチャレンジ精神が蘇《よみがえ》ってきました。ホークスにいればなかったであろう、「レギュラーをとるんだ」という強い気持ちが湧き出てくるのです。

この年、ジャイアンツは久しぶりにグアムキャンプを復活させました。私の膝にとっても暖かい場所でのキャンプは大歓迎です。自分ではとにかくオーバーワークにならないように気をつけました。手術してまだ九か月しか経っていません。どんどんアピールしたいところなのですが、ここはぐっと我慢して、まずは痛みが出ないように抑え気味に動きました。

ただ、フリーバッティングだけは思い切りスイングしました。グアムのメイン球場はよいホームラン風が吹いていたこともあり、ぽんぽん、スタンドに入ります。一年間プレーできなかった割には、違和感なく、また飛距離も落ちずに感じよくバットが振れていました。

グアムキャンプ

このキャンプでこんなことがありました。ウォーミングアップ中のことです。ジョギングの後はストレッチになります。

初日、私は天然芝を気持ちよく感じていたので、マットを敷かずに直《じか》に寝っ転がってストレッチをしていました。ほかの選手はひとりひとりがマットを取りに行ってそれを敷いてやっています。

キャンプ二日目。この日も最高の天気の下、気持ちよく芝生に寝転びました。そしてストレッチを始めたときのことです。

「小久保さん、どうぞ」

あの高橋由伸が私のぶんのマットを持ってきてくれたのです。

これには驚きました。「ありがとう」と言ってマットを受け取りました。彼は私が移籍してきたばかりで、遠慮していると思ったのでしょう。そんな彼の心配りに感心しました。

正直なところ、彼とはプロ入り後もあいさつくらいしか交わしたことがなく、ほとんど話したことはなかったのですが、この一件で一気に好きになりました。

それまではマスコミを通じて少し冷たい印象を持っていたのですが、実物は全く違って優しい、気配りのできる人物だったのです。私は「天然芝に寝るのが好き」なんて言い出せず、次の日から自分でマットを取りに行くことになりました。

もうひとつ、オフにこんなこともありました。高橋由伸と、共通の知り合いと会食の予定がありました。出かける少し前に携帯が鳴りました。高橋由伸からです。

「小久保さん、今日はどんな服で行かれますか？　ジャケットは着ますか？」

私の着ていく服を聞いてから、自分の服を考えるという、この気遣いにまたほれ直しました。育ちのよさがうかがえる話です。こんなことが重なって、彼とは今でも仲よしです。私が東京にいるときや、彼が福岡に来たときは必ず食事に行きます。

ホークスから移籍するときに楽しみだったことがあります。ジャイアンツの歴史、伝統を学べるチャンスだということです。

読売ジャイアンツの初代オーナー、というより日本のプロ野球の創設者である、正力松太郎さんの遺訓が伝わっています。

「巨人軍は常に強くあれ」

「巨人軍は常に紳士たれ」

「巨人軍はアメリカ野球に追いつけ、そして追い越せ」

有名な言葉です。また、これを肝に銘じて取り組めば自《おの》ずと成長できる。そのくらい巨人軍の精神が凝縮されている言葉だと思います。子供のころの記憶でも覚えているくらい大きなインパクトがあります。

たしかに、球場入りの際の服装、移動の際の服装、身だしなみなどにルールがありました。例えば、球場入りの際はサンダル禁止。タンクトップ禁止。移動時はネクタイ着用です。また、小笠原道大《みちひろ》選手が北海道日本ハムファイターズから移籍する際に、ひげを剃《そ》り落としたのは有名です。

たしかにそのような部分ではきっちりしていました。しかし、肝心のプレーの部分では、全員が勝つために同じ方向を向いているとは思えないのが現実でした。私も含め、皆、元いた球団では王様です。その王様たちが個性を出さずにはいられません。

私は王監督から受け継いだ血を、つまりプレースタイルをそのままジャイアンツでも実行しました。何も特別なことはしていません、当たり前のことを当たり前のようにやっただけです。

キャンプ中に大声を張り上げてシートノックを受けるのはホークスでは当たり前です。ひとつひとつのプレーを全力でするのも当たり前です。シートノックで大声を張り上げているのは私だけでしたが、構わず続けました。こんなものはアピールではありません。当たり前です。

残念ながらそれが逆に目立つくらいだったのです。正直、ホークスのほうがよいキャンプを送っていると感じました。

プロは、プロセスはどうであれ、試合で結果さえ出せば誰からも文句は言われません。私は、プロセスも結果も両方重視します。ただ「プロセスを大切にしているから、試合で結果が出なくても大目に見てくれるだろう」などと考えるのはプロとしては失格です。

ジャイアンツもどんなキャンプを送ろうとも、シーズンで勝てばよいのです。これだけの戦力があれば勝つだろうと、この時点では疑いはありませんでした。ただ、そんなに甘いものではなかったのですが……。

この春のキャンプ中の取材の数と言えば、ホークスの三倍くらいはありました。もちろん移籍したばかりということもありましたが、さすがジャイアンツはマスコミが親会社の球団だと感じたものです。

この春のキャンプ中の取材はほとんど受けるようにしました。ファンの方々に小久保裕紀を知ってもらえるチャンスだと思ったからです。ジャイアンツファンはまだ小久保裕紀がどんな選手で、どのような考え方なのか知りません。それをこのときの取材を通して少しでも知ってもらえればという思いでした。

ホークスにいたままなら、ここまでていねいな対応ができたか自信がありません。こんな気づきも大切です。今振り返れば、環境の変化によって自分を正すよい機会になっていたと思います。

ジャイアンツ入団に際し、仁志敏久にはずいぶん世話になりました。仁志とは大学時代から、全日本チームの合宿や世界大会でいっしょになることが多く、仲がよかったので、最初はいろいろと質問を浴びせました。

例えば、バスの席順だったり、ベンチで主力の座る位置だったり。そんなことかと思われるかもしれませんが、よそから来た選手があたかも生え抜きのような行動をとるのは慎むべきだと思いました。バスの座る席にしても、ベンチでの場所にしても、だいたい決まっているものです。それを前もって知っておけば、そこを避ければよいわけです。

些細なことですが、長年プロ野球の世界に身を置いていると、こういうことが気になり、気を配ってしまいます。高橋由伸も同様のタイプのようです。

仁志敏久も本を出版しています。現役のときから文章を書くのが好きだと言っていました。『プロフェッショナル』（祥伝社新書）や、『わが心の木内野球』（ベースボール・マガジン社）などがあります。

プレーヤーとして常に頭で考えて準備しておくことが大切である。行き当たりばったりのプレーヤーは長続きしない。自分のプレーを後から説明できなければいけないということなどが書かれています。

仁志敏久はまさにそうしたことができるプレーヤーでした。プロ野球選手として、決して恵まれた体格ではなかったにもかかわらず、あれだけの成績を収められたのは、考える野球を実践していたからでしょう。

野球の神様のご褒美

二〇〇四年三月六日です。あのけがからちょうど一年が経ちました。この日私はジャイアンツのユニフォームを着て福岡ドームでのオープン戦に臨みました。ファンの人たちは私に対してどんな反応を示すのだろうと、内心、どきどきしながら、スタメン発表をベンチで聞きました。

「五番サード小久保」

アナウンスの声とともに大歓声が上がりました。ユニフォームは変わっても、けがを乗り越えて再び福岡のグラウンドに戻ってきたことに対する拍手に胸が熱くなりました。

この日の先発は斉藤和巳です。一番かわいがっていた後輩と、けがからちょうど一年後のこの日に対戦できるとは、思いもしませんでした。

一打席目はセンター前にヒットを放ちました。この時点でかなり満足した自分がいました。

二打席目、何とホームランです。ダイヤモンドを一周しながら、辛かったリハビリ生活を思い出し感極まりました、と言いたいところなのですが、全くそんなことはなく、涙腺は固く閉じたままでした。

「うわっ、入った。できすぎやん。ありえんわ」

そう思いながらダイヤモンドを回りました。松中信彦にはお尻にタッチされ、井口、鳥越には「ナイスホームラン」と声をかけられ、最後に城島は私がホームインしたと同時に、そっと右手を下に差し出してくれました。ほんの一瞬、その手に触れました。そこには敵味方を超えた何かが確実に存在しました。

王監督を横目に見ながらジャイアンツベンチに戻りましたが、正直なところ、とても複雑な気分でした。これまで育ててもらった人の前で敵軍の選手として放った唯一のホームランです。

このホームランが私の中では一番印象に残っています。

私の力のおよばない何かが働いたとしか考えられないのです。けがからちょうど一年後のこの日に試合があったこと。それが福岡だったこと。先発ピッチャーが斉藤和巳であったこと。そしてホームランが打てたこと。

「一年間リハビリがんばったね」

そう言って、野球の神様からご褒美をいただいたとしか思えません。時間が経つにつれて、その思いはたしかなものになりました。愚痴ひとつ言わず、与えられたリハビリメニューを黙々とこなしてきてよかった。

逆境のときこそ、腐らず、投げやりになることなく、前向きに生きるべきなのだ。そうすれば、こんなよいことが待っているんだと知りました。

人間、逆境のときにこそ真価が問われるんだと、今となってはそう言い切れるようになりました。

第六十九代四番打者

二〇〇四年、ジャイアンツでの公式戦デビューが近づいてきました。開幕戦の前の日から、ここ数年なかった緊張感です。一年間、プレーしていないうえに、移籍一年目をジャイアンツで迎えるわけですから無理もありません。

正午くらいに自宅を出て、東京ドームに向かうためにマイカーに乗りこもうとしたその瞬間です。背中全体にビリッと電気のようなものが走りました。緊張、ストレスから来る神経痛です。今までにこんな経験はありません。そのくらいプレッシャーを感じていたということでしょう。

痛くてたまらなかったのですが、球場入りし、ロッカーで着替えを済ませたころには痛みが落ち着きました。開幕早々、神経痛で欠場なんてしゃれになりません。ほっと胸をなで下ろしたのを覚えています。

記念すべき開幕戦の相手は阪神タイガースです。いきなり伝統の一戦と呼ばれるカードです。この日の試合前が野球人生で一番緊張しました。気分が悪く吐きそうで、試合前から脈拍が上がっています。

三番サードで先発出場しました。初回の先頭バッターは今岡誠選手です。前年の二〇〇三年には打率三割四分で首位打者を獲得している強打者です。いきなり強烈なサードゴロが来ました。身体で止め、少し弾《はじ》いたボールをあわててファーストに投げたのでワンバウンド送球になってしまいました。

投げた瞬間に「低い」とわかるので、祈るように清原さんを見ました。これを上手くすくい上げてくれワンアウト。心の底からほっとしたのを覚えています。このときに、やっと地に足がついた感じがしました。

結局この試合は敗れ、私も井川慶投手にノーヒットに抑えられました。

試合後、清原さんから「明日のピッチャーは小久保に合うから、打てるよ」と言われたのを覚えています。次の日、清原さんが言った通り、ジャイアンツでの初ヒットは、福原忍投手から右中間に放ったホームランでした。ただこの日も敗れ、また次の日も敗れてまさかの開幕三連敗スタートとなりました。

堀内監督には私の起用方法に対してとても気を遣っていただきました。手術明けのシーズンということもあり、痛みがなくても、六連戦が組まれている週は一日休養日を与えてくださいました。ということは、月曜日はもともと試合がないので一週間に二日は休養できるということになります。この配慮は本当に助かりました。

開幕して間もなく、リスクがあると言われていた膝蓋腱に炎症が起こり、痛みが強くなってきました。広島で試合があるたびに、先に福岡へ行きました。プロ入り当初からずっとお世話になっている鍼《はり》の先生がいらっしゃいます。その先生の治療を受けるために、福岡まで通いました。福岡〜広島間は新幹線で一時間です。試合のある当日も、午前中に治療を受けて広島入りしていました。

この先生がいなかったら四十一歳までプレーできなかったと言い切れます。けがの多かった私は、先生との出会いが選手寿命を延ばしてくれたと思っています。お名前を出したいところですが、極端に表に出ることを拒否される先生なのでN先生としておきます。堀内監督の配慮とそのN先生の治療のおかげで、夏くらいには痛みもかなり治まりました。

二〇〇四年七月二十三日、対横浜ベイスターズ戦で読売巨人軍第六十九代四番打者となりました。四番に「歴代」があるのはジャイアンツだけです。このことだけでも重みを感じます。ホークスで長い間四番を張ってきたとはいえ、やはりジャイアンツの四番は特別です。

スタメン発表のときから久しぶりに「四番打者」の重みから来る気持ちの高ぶりを感じました。打席では結構冷静だったので、たしかタイムリーを放ったと思います。

次の日も四番だったのですが、ベイスターズの吉見祐治投手からホームランを放ち、試合も十一対〇の快勝でした。この日はホームラン二本、翌日も一本打ちました。この時点でホームラン三十二本です。

このころ、王監督つきのマネージャーから伝言という形で、よくお祝いの電話をいただきました。いつも私のことを気にかけてくださりうれしく思いました。

ジャイアンツでは、まだ、右打者で年間四十本ホームランを打った選手がいませんでした。それまでは長嶋茂雄さんの三十九本が最多記録です。まだ七月下旬ということもあり、にわかに周りがあわただしくなってきたのを感じました。それと同時に私自身も色気が出てきたのを覚えています。巨人軍の歴史に名を刻んでやろうと思ったのです。

チームも七月終了時点で、首位中日ドラゴンズと二・五ゲーム差の二位につけていました。十分逆転優勝可能な位置でした。しかしチームは八月に入って失速し、結局最後はズルズルと後退してしまいました。最終的にはヤクルトにも抜かれ三位という結果で二〇〇四年シーズンが終わりました。

私自身も、ホームラン四十本に対する意識が強くなりすぎてしまい、バッティングの調子を崩してしまいます。結局、八月は三本止まりに終わりました。しかし、九月に入って多少盛り返し、最終的にはホームラン四十一本という、予想以上の数字を残すことになります。

テレビ中継で私の打席のたびに、長嶋茂雄さんのホームラン数と比べられるテロップが出ます。雲の上の存在である長嶋さんと比較されることがちょっぴり誇らしく感じられました。

高畠導宏さん

この二〇〇四年シーズンに、私にとって大切な人が天国に逝《ゆ》きました。高畠導宏《たかばたけみちひろ》さんです。私がプロ入りしたときの最初のバッティングコーチです。高畠さんとの思い出はたくさんありすぎて、何から書こうか迷います。高畠さんにとって、プロ野球界の最後の球団は千葉ロッテマリーンズです。たまたま地方遠征で、私たちのホークスとロッテの飛行機が同じ時間帯で空港でいっしょになりました。いつも通りあいさつに行ったときのことです。

「わし、プロのコーチは今年で辞めるぞ。教師になる」

何のことかわからず聞き返しました。これまでプロのコーチとして三十年やってきたが、どうもプロに入ってきてからの選手を変えるのは難しい。プロに入ってくる前に指導したいということを話されていました。

長年プロの選手を見てきた結果、考え方、メンタルの強さがどれだけ大事かということに行きついたようです。それを教えるには学生時代が一番だということで、高校の教師になって、その後野球部の監督になるとおっしゃっていました。

プロ・アマ間の規定があり、プロ野球関係者がすぐに高校生を指導することはできません。教諭を二年経験すれば学生野球資格回復の審査を受けることができます。それに合格すれば指導できるというわけです。そのことを熱く語る高畠さんは生き生きとしていました。五十代からでもチャレンジを続ける高畠さんが格好いいと思いました。

しかし、あと半年でその二年間が終わるというところで、膵臓癌《すいぞう》のため逝去されました。二〇〇四年七月一日でした。

じつはその十日前にお見舞いに行きましたが、まさかこのとき交わした言葉が最後になるとは思ってもみませんでした。このときにかけられた言葉が手帳に残っています。前の日もナイターを見てくれていたのでバッティングの話をしていました。

「つっかかりすぎだ。『さあ、いらっしゃい』の精神で打席に立たなきゃ」

自分の身体は相当辛いはずです。私は励まそうとお見舞いに行ったのに、逆に指導していただきました。最後まで心配をかけてしまっていたのです。五日の告別式にはバットを持っていき、棺に入れさせていただきました。

翌年の十二月十四日に、高畠さんが教諭をしていた、福岡県太宰府《だざいふ》市にある筑紫台《ちくしだい》高等学校で千四百八十人の生徒を前に記念講演をし、思いの丈を語らせていただきました。

高畠さんは入院する前日まで教壇に立たれたそうです。また着任初日から毎朝欠かすことなく、一番早くから校門前に立ち、全生徒をひとり残らず迎え入れたと言います。そんな伝説の高畠先生を忘れるなと語りかけました。

ライバル

二〇〇四年シーズンが終わって、個人的には納得いく数字も残したのですが、心から満足することはできませんでした。チームが三位だったことと、もうひとつ理由があります。

松中信彦が三冠王に輝いていたからです。チームを離れ、リーグが変わっても永遠のライバルです。単純に数字で負けたことが悔しかったのです。本当にどこまでも負けず嫌いです。

引退するときに思ったことですが、ライバルがいたおかげで切磋琢磨《せっさたくま》することができました。自分を高める努力も惜しみませんでした。キャンプ中、あれだけ遅くまでバットを振り続けることができたのも、松中信彦がいたからです。あいつよりは先に帰らないと思いながら練習したものです。

松中信彦も私に対して同じように思っていたので、「日が暮れるまで終わらない」毎日でした。この関係があったからこそ、四十一歳までプレーできたと思います。

王さんと長嶋さん、秋山さんと清原さんのようにチームの中心選手がライバル関係であることが、チーム全体にもプラスに働くのです。

立川ろう学校

二〇〇四年のシーズンオフに高橋由伸とともに東京の立川ろう学校(現・立川学園)を訪れました。前もって手話の本を購入して少し勉強してから行きました。最初、教室で生徒たちとの触れ合いがあり、そこで彼らと翌シーズンの初ホームランを打ったときに、手話で「約束を果たしたよ」というメッセージを送る約束をしました。その後、野球部の生徒たちとグラウンドに移動して、野球教室というよりは、生徒たちに交じって、いっしょに練習を行いました。生徒たちの目はきらきら輝いていました。

喜び、興奮はキャッチボールをしているときが一番伝わってきます。そして監督が打ってくれる球をいっしょに追いかけました。

はっきり話せない生徒たちですが必死に声を出してボールを呼びます。彼らの真剣で一生懸命な姿を見て私が勉強させられました。

純粋な心で夢中になってボールを追う姿は美しい。これ以後、野球教室に行くたびに、必ず彼らのまっすぐな姿についてお話しさせてもらっています。

二〇〇五年シーズンは六番サードで迎えました。彼らとの約束がずっと頭から離れず、家で何度も手話を練習してから球場入りしました。

当然、開幕戦で彼らとの約束を果たしたい。そう強く思って試合に臨みました。いっしょに約束した高橋由伸は早々とホームランを放ち、悠々とダイヤモンドを一周。約束を忘れることなく一塁側ベンチ横のカメラに向かって手話を披露しました。立川ろう学校の子供たちはきっと大喜びだったでしょう。

「私も早く打たないと」と思えば思うほど焦ります。結局七試合かかって約束を果たしました。ただ、このホームランは劇的な逆転満塁ホームランだったので、子供たちに手話を送ったときはかなりの興奮状態でした。約束を忘れなくてよかったとほっとしました。

二〇一二年、このろう学校を訪れたときの子供たちがもう社会に出て働いていると聞きました。「あのときの小久保さんの『目の前のことを全力で』という言葉でがんばれた」と言ってくれたみたいです。

私こそ彼らの姿に感動をもらったのです。ありがとう。

思い出に残る投手

セ・リーグの投手で印象深いのは、当時阪神タイガースに在籍していた藤川球児投手(現・阪神タイガース球団本部付 Special Assistant)、当時広島東洋カープの黒田博樹投手です。

藤川投手の強みは読者の皆さんもご存じの通り、ストレートです。ホップするという表現がありますが、まさにこの表現がぴったり当てはまるストレートを投げこんできました。肘から先をしなるように使います。ボールの回転数がほかの投手より多いように感じました。

彼との対戦が楽しみだったのですが、抑えの彼が出てくるのは、当然ジャイアンツが負けているときです。逆転勝ちした記憶がほとんどなく抑えこまれました。

一方、黒田投手は多彩な変化球を交え、両サイドにシュートやスライダーを巧みに投げて、投球を組み立てます。もちろんストレートの球速も百四十五キロくらい出ます。

彼のメジャーリーグでの活躍を見てもわかるように、タフガイです。シーズン通してもそうですが、試合の終盤になっても球威が落ちませんでした。彼のようなタイプがメジャーでも通用するのだと改めて納得しました。

キャプテン

二〇〇五年のジャイアンツは一度もAクラス入りすることなくシーズンが終わりました。この数年間で一番弱かったことになります。さまざまな要因が挙げられますが、一番は勝つためにチームが一体となれなかったことだと思います。皆がバラバラだと感じました。

私は自分より若いメンバーをよく食事に誘い、「このままでは伝統ある巨人軍のOBに合わせる顔がない」と話しました。

七月十三日の試合後、堀内監督に食事に誘われ、その席で「お前がもっと前面に出て引っ張ってもいいんじゃないか」という言葉をいただいていたので、私自身が自分の心の中にある外様意識を排除していくことが必要だと感じていました。

高橋由伸はもちろん、二岡智宏ともよく出かけました。彼らとはいまだに大の仲よしです。二岡とは、二〇一二年の私の現役最後の試合では大泣きしながら抱き合いました。

九月二十九日に再び堀内監督に呼ばれ、「二年間ありがとう」と言葉をかけていただきました。こちらこそリハビリ明けのシーズンでは休養日を設定するなど気を遣っていただき、感謝の気持ちでいっぱいです。それどころかこの年、セ・リーグ五位に終わったチームの責任を取り、五試合を残して監督の退任が決まったことへの申し訳なさが胸を締めつけました。

翌年に向けチームを立て直すにあたり、キャプテン制度が復活することになりました。その大役に私の名前が挙がったのがこのころです。

この間、勝つためにはどうしたらよいかを考え行動してきました。ホークス時代に当たり前にやっていた、早めに球場入りして準備をし、試合中は膝の痛みと戦いながらも全力疾走を怠らずに続けること。また、選手だけではなく、裏方さんを食事に誘うなどしてコミュニケーションをはかることなどです。

私はチームの顔となる人、または四番打者になる立場の人は「お手本意識」がないと務まらないと思っています。私が若い選手に見られていると思い、行動するようになったのは、三十歳くらいからだったと思います。

普通に行動していても、そのくらいの選手になれば周りに気を遣わせています。それを自覚したうえで、行動や発言をしないとチーム内で浮いてしまいます。こういった当たり前のことをやり続けました。

そのことが評価されたのか、正式にキャプテンとしてチームを引っ張ってほしいと、球団のほうからも打診がありました。その大役を全うするにあたっては、自分が最年長じゃないとどうしても遠慮が出ます。このオフの編成で、投手では工藤さん、桑田さんという年上の選手がいましたが、野手では最年長になったために腹をくくりました。ジャイアンツで現役生活を全うしようと心に決めたのです。

そして原辰徳新監督の誕生です。十月十三日、新体制の中、よみうりランドにあるジャイアンツ球場（川崎市）で来季に向けての練習が始まりました。原監督は秋季キャンプの始まる宮崎から合流するということでお会いすることはできませんでしたが、電話をいただきました。

「来年からよろしく頼む。遠慮なくキャプテンとしてチームを引っ張ってくれ」

そう言われました。解説者時代と同様にとても歯切れのよい、聞き取りやすい声でした。イメージ通り、とてもさわやかな印象を受けました。

二〇〇六年、逆襲のシーズンに向けていよいよキャンプインです。原監督のお話から始まりました。

一　ジャイアンツの重みを背負うこと。

二　ジャイアンツのユニフォームに誇りを持つこと。

三　チームがひとつになること。

私もキャンプ初日、監督、コーチ、選手、スタッフ全員の前でこう話しました。

「我々は昨年五位のチームです。五位のチームが優勝を目指すには、相当な覚悟と決意を持って取り組むことが必要です。今の気持ちを一年間持ち続けましょう」

チームも、個人的にも満足のいくキャンプを送ることができました。しかし、ここからがけがとの戦いでした。オープン戦に入ってすぐにふくらはぎに異変が起こりました。キャプテンということもあり、早く復帰したい気持ちから少し無理をして戻りました。するとまた同じ箇所が再発しました。ふくらはぎという箇所はやっかいで、ここを痛めて引退に追いこまれた選手も少なくありません。トレーナー陣との協議の結果、一度本隊と離れてジャイアンツ球場でリハビリをすることになりました。

決まってしまったことは仕方ありません。こうなったら、今後再発しないように完治優先で行こうと決めました。オープン戦が残り二試合のところで一軍に合流できるプランを組みました。プラン通り進み、開幕には何とか間に合いました。

開幕当初は絶好調で、よい場面でホームランが出たりしました。チームも四月前半から首位を走り好調を維持していました。

ところが、六月二日、対埼玉西武ライオンズ戦で和田一浩選手（現・中日ドラゴンズ打撃コーチ）の何でもないサードゴロを弾いてしまい、拾ってファーストに投げようとしたときに、右手親指を地面に突き刺してしまったのです。いわゆる突き指です。痛みは少しありましたが、そのまま次のイニングで打席に立ちました。しかし、痛みがどんどん強くなってきたので、その打席で交代させてもらいました。

次の日になっても痛みは変わりません。バッティング練習はしたのですが、一応病院でレントゲンを撮るということになり球場を出ました。

腫れも全くなかったので「骨折」と聞いたときは信じられませんでした。右手親指の付け根部分の骨が剝離《はくり》していたのです。最短で復帰するには、ピンで固定したほうが早いということだったので、六月七日に慶應義塾大学病院で手術を行いました。

一か月ちょっとで復帰できるのではという見通しでした。このときのけがが、後にホークスへの復帰に関係してくることになったのです。

チームも私の離脱とともに状態が悪くなり、早く復帰しなければという思いでリハビリしていましたが、なかなか思うように状態が上がってきませんでした。

右手親指の付け根は、バッティングで一番衝撃を受ける箇所です。最初はピンを入れたまま復帰しようとバッティング練習を始めたのですが、あまりの痛さに耐えることができませんでした。仕方なくピンを先に抜くことになりました。

ホークスへ

そんな、まだ復帰が見えないころ、あの緊急記者会見がありました。

「王監督、緊急入院。胃の腫瘍の手術で休養」。テレビにテロップが出ていました。自宅のテレビで会見の模様を見ていましたが、驚きと心配が重なり、すぐに関係者に電話をしました。少しでも詳しいことを知りたかったからです。関係者も詳しいことは把握できておらず、ただ一刻も早い手術が必要ということでした。手術の成功を祈ることしかできません。日本のスーパードクターが集まり結成されたスペシャルチームに託すしかありません。

「末期癌じゃないよな」

「またユニフォームを着られるのだろうか」

「とにかくまた元気な姿が見たい」

この会見を見ていて、そんなことが頭の中を駆けめぐっていました。

毎日リハビリのためにジャイアンツ球場まで通う日々が続きます。そんな単調な毎日を過ごす中で、王監督に対する思いやホークス復帰に対しての考えが少しずつ芽生えてきたのです。

仮定の話になりますが、けがをせずに一軍で先頭に立ってジャイアンツを引っ張り、プレーしていたらこの考えは浮かんでこなかったと思います。キャプテンを引き受けたときの、ジャイアンツで現役を終えるという気持ちが変わることはなかったと思うのです。あのニュースに接したのが、一軍から離れてリハビリをしていたときだったからこそ、考えたのだと思います。

王監督の手術も無事に成功し、落ち着いたころにお見舞いに行きました。かなりお痩せになっていました。そんな状態にもかかわらず、私のけがの心配をしてくださる、いつもの王監督がいました。

結局復帰するまで二か月半もかかってしまいました。首位を走っていたチームは、この時点で五位まで下がっていました。私の復帰後も上位に浮上することなく、四位という結果で終わりました。

私はシーズン終了後には毎年、ロサンゼルスにあるカーラン・ジョーブ・クリニックで膝の検査を受けます。一シーズン戦って、緩みの有無や、筋肉の状態などをヨーカム博士に診てもらうためです。そのままアリゾナに行ってリハビリを兼ねたトレーニングを行うというのが、膝の手術後から始まったオフの動きです。このシーズンもロサンゼルスに行くために成田空港に向かいました。

私はフリーエージェント（FA）の権利を取得していたので、行使するかしないかが注目されていました。渡米前に、行使すると決めていたのでその話を空港でしました。帰国後、ジャイアンツの関係者に会い、私がジャイアンツに必要であるという、ありがたい言葉をいただきましたが、FAを行使するという意志は変わることがなく、日本シリーズ終了後に正式に手続きを済ませました。

交渉が解禁になって、真っ先にホークスの関係者から連絡をいただきました。交渉の席には、自宅療養中の王監督も来てくださり、感激しました。

「また同じユニフォームを着てやらないか」

このときにホークス復帰の気持ちは固まりました。FAを宣言するとき、ホークスから話があれば戻ろうと決めていました。王監督と同じユニフォームを着て戦いたいというのが一番の理由です。

なお、この時点ではすでに福岡ダイエーホークスではなく、福岡ソフトバンクホークスになっており、フロントも一新されていました。

原監督にはFA宣言する意志は、シーズン終盤に内々で伝えていました。FA宣言すればホークスに戻るのは予想されていたと思います。ジャイアンツのOBでもある王監督は、球団の垣根を越えたところの存在であり、原監督にも納得していただきました。

誤解のないように言っておきます。私はジャイアンツに対して何の不満もありませんでした。それどころかキャプテンを任された後、けがで二か月半も離脱したことで、チームに迷惑をかけてしまい、申し訳ない気持ちのほうが強かったです。正直なところ、かなり迷いました。

私のジャイアンツでの経験は本当に貴重なものとなりました。ホークスにずっといれば王様気分のままだったと思います。もう一度レギュラーをとるんだという思いや、そのための取り組みは、ジャイアンツに来たからこそ、得られたものです。

膝の状態が悪い時期は、ホークスにいれば休んでいたかもしれません。あれだけの痛みを我慢して試合に出たのは、新しい環境での刺激があったからです。

またよい仲間にもめぐり会えました。彼らとの出会いは人生の財産になっています。

何よりジャイアンツブランドに挑んだ時間はかけがえのないものです。他球団の中心選手がジャイアンツに来ても成績を残すことができないと言われていました。それを絶対に覆《くつがえ》してやるという反骨心があったので、あのけががからも復活できたのだと思います。

このジャイアンツでの経験を武器に、いよいよホークスに復帰することになりました。あのトレードから三年。こうして福岡に帰ることは運命だったように思います。

ジャイアンツ時代の2006年４月、対中日戦でホームランを放つ。　写真：読売新聞／アフロ

第7章

ホークスへの復帰

けがと闘いながら、
優勝を目指した日々

2011年11月、中日を下して日本一に。
この日本シリーズでMVPを獲得した。

王さんの言葉

これまでにも述べてきたように、王貞治さんとの出会いがなければ今の私はありません。プロ入り二年目から現在に至るまで一番影響を受けた方です。ここで、この王さんからかけていただいた言葉を中心に、思い出に残っているできごとを紹介したいと思います。

「これまでよくがんばった。生き様が素晴らしい。決断の理由は自分にしかわからないものだからね。俺にもその経験があったからわかるんだ。君の考えを尊重するよ」

私が王さんに引退の意志を伝えた直後の言葉です。二〇一二年八月十四日。私は王さんと午後一時四十分に球団の会長室で会うことになっていました。お忙しい方なので、前の週に会長づきマネージャーに電話を入れアポイントメントを取っていました。

私の中で二〇一二年のシーズンをもって引退しようと決意したので、真っ先に王さんに直接会ってお伝えしたかったのです。

そこでもし「もう一年やってみないか」と言われれば、決意がゆらいでいたかもしれません。しかし、そのようなことは一切おっしゃらずに私の意志を尊重してくださいました。

「お忙しい中、貴重な時間を取っていただきありがとうございます。今シーズン限りでユニフォームを脱ごうと決めました。そのご報告をさせてもらいます」

そう言い終わる前に突然涙があふれました。しばらく言葉にならず、その間もじっと静かに待っていてくださいました。

そして、上着の内ポケットからハンカチを取り出し、私にそっと差し出してくれたのです。そのとき王さんがハンカチを二枚持っていたことに気がつきました。しかも私が手にしたほうは使った形跡のない新しいものです。最初から二枚用意していたのは、「人のため」ということしか考えられません。涙をぬぐいながらも、王さんが「気配りの人」と称される所以《ゆえん》を垣間見た気がしました。こういうさりげなさがとても魅力的です。

この思い出のハンカチにサインを入れていただこうかと一瞬考えましたが、私の心に刻んでおこうと思い直し、後日洗濯したハンカチに新しいハンカチも添えてお返ししました。

今考えてもあのときの涙の理由は上手く説明できません。悲しい、辛い、悔しい、うれしい、喜び、感動のどれにも当てはまらないのです。強いて挙げるなら、「感謝」ということになると思います。人は感謝するときにも涙が出ることを初めて知りました。

「努力は必ず報われる。報われない努力があるとするならば、それはまだ努力と呼べないものだ」

これは直接私が言われた言葉ではないのですが、私が一九九九年シーズン中のスランプのときに、親交のある西日本新聞社の安枝新倍《しんご》さんから聞いた、王さんの言葉です。

自分に厳しく生きようと思わせてくれる言葉だと思ったのでご紹介しました。

この言葉だけを聞くと、厳しすぎるように感じる方がいるかもしれません。結果が出なければ、その過程を努力と呼んではいけないのかという疑問を持たれても不思議ではありません。しかし、私はこの言葉を前向きに受け止めています。最後までやり抜く力、諦めない心を育ててくれる言葉であるととらえました。

特にプロ野球界に入ってきた若い選手に多いのですが、結果が出ないと決まって「努力はしているのですが」と口にします。そうしたことへの戒めでもあると思います。もちろん私の若いときも例外ではなかったのですが……。

簡単に「努力した」と口にするな、いったいそれが本当の努力なのかということです。努力とは現在進行形で使う言葉ではなく、やり遂げた後に「あのときの努力があったから」というように過去形で使うものだと思っています。

王さんは現役時代、必ずペンとノートを枕元に用意してから眠りについていたと言います。その理由は、夢でひらめいたことをすぐにメモするためです。夢の中にまでヒントを求める姿勢、これほどの努力をしてこそ、本当の努力と呼べるのだと思います。

「バットを振る、ランニングをする、ウェートトレーニングをするなんていうのは努力ではなく、プロとしては当たり前である」

王さんは常にそうおっしゃっていました。私もメディアなどで「自分に厳しい人間だ」と評価していただいたこともありましたが、枕元にペンとノートを置いて、何かあればメモするという姿勢は一か月も続きませんでした。そこまで追求できなかったのです。それをやり抜いた人だからこそ、八百六十八本ものホームランを積み重ねることができたのだと思います。

将棋の羽生善治《はぶよしはる》九段の言葉にこんなものがあります。

「プロフェッショナルとは、二十四時間、三百六十五日、プロであり続けること」

世に名を残す方々には共通した考え方があることに気づかされます。

もう何年も前のことです。大阪ドームの監督室に呼ばれました。王監督はスポーツ新聞を広げながら、私のコメントした部分を指差しています。大声で怒鳴られました。

「ばかやろう。こんな発言をしたら、ファンはお前から夢を買えないだろう！」

この前日の試合で守備についていたとき、サードライナーを弾きました。試合後、新聞記者からの質問に対して「俺の守備は所詮こんなもん。どうにでも書いてください」と投げやりな答えをしたのが、そのまま記事となっていたのです。

これには伏線があります。この数日前の試合でツーアウト一、二塁のとき、私がファールフライを落としてしまいました。直後にピッチャーが走者一掃のツーベースヒットを浴び、それが決勝点になり、この試合を落としたのです。翌日の新聞に私のミスがでかでかと載りました。

自分のミスが大きく扱われて平気な選手はまずいないと思います。私も動揺しました。このことがあったので新聞記者の人たちに対して、普段とは違う、敵に対するような感情を持っていたのだと思います。

今振り返ると未熟な自分に恥ずかしくなります。しかし、当時の私にはまだまだそんな余裕はありません。それがあの投げやりな発言につながったのです。あのときの王監督の目は怖かった。殴られるかと思うほどの雰囲気でした。あのときにおしかりを受けた後は、このような発言をすることはなくなりました。

どんなに打てないときも、またエラーしてしまった後も、取材に対して真摯に受け答えするようになりました。根本的な考え方を見直しました。

「ファンに夢を与える」

私がよく口にする言葉ですが、このことがきっかけになったのです。

「生卵事件」については前述しましたが、これには後日談があります。あのとき、王監督がミーティングで「怒ってくれるファンは本物だ。彼らを喜ばせるために、前を向いてやるしかないんだ」と話したことはすでに述べました。

そして後に優勝を果たすわけですが、「必ず強くなって優勝して、見返してやるんだ」という、あのときの気持ちが原動力になった部分もあることは否定できません。

二〇〇〇年の優勝が決まったころだと思います。各ビジターの球場ではシーズン最終戦が終わると、一年間応援してくれたファンの皆さんのところまで感謝の気持ちをこめてあいさつに向かうのが通例です。

もちろん大阪ドームでもそれを行います。球場こそ違いますが、生卵を投げてきたのは大阪のファンです。私は選手会長だったので、王監督に「あんなことをした大阪のファンにあいさつに行くのはやめましょう」と提案しました。

すると監督は、私の肩に手を回し、引き寄せるようにしながら、

「小久保、こういうのはきっちりあいさつに行くもんだよ。さあ行くぞ」と言い、先に歩いていかれました。

その後ろ姿を見ながら、「でかい。なんて器が大きい人なんだろう」と自分の器の小ささが恥ずかしくなりました。私はこのときまでまだ例の生卵事件を根に持っていたのです。何と執念深いというか、過去にとらわれているというか……。情けない男です。とにかく私も器を大きくするんだと思いました。

私自身も、過激な行動に出たのはファンのごく一部だ、ということは理解していました。全員があれに加わったわけでないことも事実です。ただ、何となく心に引っかかるものがありました。しかし、これ以来、私の心の中にあった大阪のファンの方々に対する変な気持ちは消え失せました。おかげさまで私の大阪ドーム最終戦は、多くの方々に見送られながらグラウンドを後にすることができました。

先ほど、生卵事件があって「見返してやるんだ」という気持ちになり、それが優勝の原動力となった、と書きました。

しかし、今思うのは、「見返す」というのは負のエネルギーだということです。優勝するという目標なら、「見返す」ではなく、「ファンを喜ばせるのだ」と思って取り組んだほうがいい。こんな気づきを与えてくれたのも、王監督のあのひと言でした。

「過去の自分のよかったフォームに戻そうと思うな」

これも、王監督から教わった言葉です。それまで私が野球人生で行ってきたこととは正反対です。バッティングの調子が悪くなるたびによかったときのフォームを思い出して練習してきました。

アマチュア時代は、まだビデオカメラを利用して自分のフォームをチェックするようなことはありませんでした。同僚に自分の理想のフォームを伝えて、実際に試合でそれと同じように振れているかをチェックしてもらっていました。私は試合のたびにチェックポイントをしっかり伝えていました。それが、ずれていれば試合後に修正します。

プロに入ると、映像装置が発達していたので、常に自分のフォームをチェックするのが習慣となりました。スランプのときなどは、過去のホームランを打ったシーンばかりを見られるように、ビデオ係のスタッフに編集をお願いしていました。これを「ホームラン集」といいます。ヒットだけの映像は「ヒット集」です。

毎年シーズン後に、その年の「ホームラン集」「ヒット集」をつくってもらいました。それを調子が悪くなったら引っぱり出してきて、食い入るように見るわけです。今のフォームとどう違うのかを必死になって探していました。特に絶不調だった一九九九年のシーズン中などは、毎日そんなことをしていたように思います。

そんな私を見かねてか、王監督がおっしゃいました。

「過去の自分と今の自分は違うんだ。考え方も違えば、筋肉のつき方だって違う。また、対戦相手も変化している。何より自分の経験が大きく違っているだろう。それなのに過去のよかったときのフォームに戻そうなんて取り組んでも、その通りには戻らないんだ。これは俺の経験から言えることだ。俺はそれに気づいてから、一年区切りにした。二〇〇〇年型フォームをつくる、二〇〇一年型フォームをつくるというふうにして、毎年新しい自分の打ち方をつくっていくんだよ」

これを聞いたとき「目から鱗《うろこ》が落ちる」という表現がぴったりで、自分の中にあったもやもやが晴れていくのがわかりました。

何度ビデオを見て練習しても、そのときの感覚に戻らなくて悩んでいた私は、この話を聞いてから、フォームチェックのために自分の映像を見ることはほとんどなくなりました。

また、ずっと技術的なことで気づいたことをメモしていた手帳も、このころからあまり読み返さなくなりました。この考えのように割り切ってしまうと、すごくシンプルになり、迷わなくなりました。それこそ新しい何かを探し求めるだけです。今から未来にかけて何かをつかむのです。

これは人生にも応用できると思い、私の今の生き方につながっています。過去の栄光を話す人をちょくちょく見かけますが、「今はどうなの？」と突っこみたくなります。今の自分が輝いているかが問題なのです。

王監督の教えのおかげで、春季キャンプのインタビューでバッティングについて聞かれると、「今年の二〇〇〇年型フォームは身体の軸回転を意識しています」とか、「今年の二〇〇七年型フォームは前さばきをテーマに取り組んでいます」などと、受け答えが変わりました。

このように改めて王さんとの思い出、学んだこと、指導されたことを思い返すと、本当にどれだけの影響を与えていただいたのかを再確認させられます。ずっと王さんの背中を見てきたことによって、何気ない言葉や行動が自然に行えるようになりました。

時間がなくてサインができないとき、王さんは「今時間がないからごめんね」と子供の頭をなでながら断っていました。王さんはプライベートで食事に出かけても、気軽にサインに応じます。それが嫌な日は個室の店を選びなさいと教わりました。

北九州での試合が終わると、福岡ドームに帰ってきてシャワーを浴びます。球場を出るのは深夜零時を回ります。そんな時間に王監督に子供がサインをもらいに来たことがあります。監督は父親をすぐに呼びつけて説教をしていました。当たり前です。深夜の零時に子供が自分の意志でサインをもらいに来るはずがありません。

だいたい、そんな時間にサインをもらいにドームに行くと子供が言ったら、親は怒るのが当たり前です。このときたまたま目撃しましたが、このようなことをすべてまねさせてもらっています。

王さんは筆まめでも有名です。礼状も必ず自分で書いているそうです。年賀状も必ずひと言添えています。私が年賀状の宛名を手書きしたり、ひと言添えたりするのも王さんの影響を受けたからです。宛名書きをしながら、相手の顔を思い出す時間を大切にしたいのです。

よいと思うことは素直にやってみようと思う性格なので、最初はすべてまねから入りました。誰と出会い、どう影響を受けるかで人生が決まるといっても過言ではありません。私は王さんに出会えて本当によかったと思います。野球選手を引退しましたが、これからの人生のほうが長いわけです。私も教わったことを後進に伝えることで少しずつ恩返ししていこうと思っています。

二〇一二年十一月五日に、王さんを中心に若田部健一さん、田之上慶三郎《たのうえけいさぶろう》、村松有人、柴原洋、城島健司、斉藤和巳、そして私を交えての食事会がありました。みんなそれぞれ、王さんとの思い出があります。でも出てくるのはしんどかった時代や、弱かった時代の話ばかりです。そこを乗り越え、強くなるためにいろいろなことがあったので話も弾むわけです。

王さんでなければ、ここまで強いチームになれなかったという意見は満場一致です。

どんなときもぶれない芯の強さ、頑固さといってもよいかもしれませんが、そんな監督だからこそチームが変わったのは間違いありません。

あまりにも楽しい時間で食事会の四時間はあっという間でした。また王さんを中心に集まることを約束してその日はわかれました。

ユニフォームを着ているときの王さんはとても厳しい方でした。しかし、私服のときは優しく、ユーモアたっぷりで、このギャップの大きさが魅力となっているのだと思います。

決意

ホークスに復帰した二〇〇七年に話を戻しましょう。

心配された王監督の体調は、監督自ら必ず色紙に書きこまれる「氣力」で乗り越えられ、キャンプ初日からユニフォームを着てグラウンドに立たれました。ホークスのキャンプのスタートは、全員が並んでグラウンドを一周するランニングから始まります。

歩調のかけ声とともに足並みをそろえて走る模様は、ホークスのキャンプの名物になっています。このランニングの最中、横目で王監督を見たのですが、何とも言えない懐かしい思いが蘇ってきました。四年ぶりにホークスのユニフォームを着て、王監督と同じ場所に立っていると思っただけで、気持ちが高ぶりました。いるべき場所にいる。帰るべき場所に帰ってきた。そんな、いろいろな感情がこみあげてきました。少しお痩せになった王監督ですが、目は勝負師のそれに戻っています。何だかとてもうれしく感じたのを覚えています。

私はホークス復帰に際し、ひとつ、自分と約束を交わしました。このキャンプからシーズン終了まで禁酒することにしたのです。私はお酒が大好きです。一年間で飲まない日は数日程度しかありません。その私が大好きなお酒を断つと決めたのです。

「王監督を胴上げする」

そう決意してホークス復帰の道を選んだわけです。自分が好きなものを断つくらいの覚悟を持って事に当たるべきだという思いから禁酒を決行しました。

このキャンプのホークスファンの多さにはびっくりしました。週末ともなると、スタンドはいっぱいになり、立ち見のお客さんもいます。午前中は外野席も開放しないと球場内に収まり切れません。ホークス名物「シートノック」では一球一球、ファンの反応が伝わってきます。よいプレーには拍手喝采、どよめきがあり、ミスすれば笑われます。たまにやじも飛んできます。とにかくにぎやかな雰囲気なのです。

私もついつい張り切りすぎて、十日目くらいに、前年に続き、ふくらはぎを痛めてしまいました。さすがにがっくりしました。しかし前年の反省を活《い》かし、じっくり治療に専念することに決めました。あくまでも開幕からが大切だと自分に言い聞かせ、焦る気持ちを抑えることにしました。

私はホークス復帰に際し、自分の「立ち位置」をどうしようか迷いました。ジャイアンツ時代にホークスを外から見ていましたが、チーム全体が王監督を中心に非常にまとまっていて、同じ方向を向いていると感じていました。

実際のところ、プレーオフで敗れはしていたものの、ペナントレースでは独走のシーズンもありました。すでに「強いホークス」「常勝軍団」と言っても誰もが納得するようなチームになっていたと思います。

そんなホークスに復帰したので、最初は一番後ろからチームを見るのが私の役割だと決めました。川崎宗則、本多雄一の二遊間コンビが成長し、松中信彦が四番にどっしり構えています。投手陣も斉藤和巳が持ち前のリーダーシップを発揮してまとめあげていました。そんな状況のときに復帰した私は、「先頭に立ってチームを引っ張るのはやめておこう」。そう思いました。

春先のけがはありましたが、その後大きなアクシデントもなく開幕を迎えることになりました。どちらかと言えばスロースターターの私ですが、この春はロケットスタートに成功し、三、四月度の月間MVPを受賞しました。ホークス復帰に際し、幸先《さいさき》のよいスタートを切れたのです。

しかし、シーズンが進むにつれ、野球を始めてから数え切れないくらいバットを振り続けてきた私の左手首の限界が近づいていました。

七月くらいから痛み出し、痛み止めの注射を打ちながらの出場が続きました。ステロイド剤を注入するので即効性はあります。ただ、悪い部分が修復されるわけではないので、しばらくするとまた痛みが出てきます。この繰り返しで、このシーズンは何とか乗り切りました。

八月には埼玉西武ライオンズの岸孝之投手から、左肋骨にデッドボールを受け骨折しました。肋骨は痛みさえ我慢できるなら、骨がくっつく前でもプレーは可能です。たしか二十日くらい休んで復帰したと思います。けがや手首の痛みと戦いながらのシーズンでした。結局三位に終わりました。

これまでペナントレースを一位で通過しても、ことごとくプレーオフやクライマックスシリーズで敗れ、ホークスはクライマックスでは勝てないと言われてきました。これまでのうっぷんを晴らすべく三位からの逆襲を誓い、二位の千葉ロッテマリーンズ戦に挑みました。じつは私自身、クライマックスシリーズでのプレーはこのときが初めてです。初めての経験はベテランも若手も関係ありません。かなり緊張したのを覚えています。

特に一勝一敗で迎えた第三戦は、勝てば次のステージに行けるし負ければ全日程が終了です。朝から独特の緊張感がありました。結局、千葉ロッテマリーンズの成瀬善久投手を打ち崩せず、四対〇の完封負けを喫しました。これで、四年連続プレーオフ敗退です。ホークスのポストシーズンの呪いはまだまだ続くことになりました。

試合後、王監督はミーティングで「来年がラストのつもりでやる」とこちらとしては全く想像していなかった話をされました。正直に言って戸惑いを隠せませんでしたが、ここまで育てていただいた王監督の最後のシーズンは必ず優勝して送り出すと心に決めました。

しかし、少し気になることがありました。王監督が前年のシーズン途中に手術を受けるために休養を余儀なくされたとき、もう監督としてグラウンドに戻ってこられるかどうかわからないとも考えられました。その王監督が見事復活され、二〇〇七年のシーズンを指揮されたのですが、その割には「何が何でも王監督を胴上げするんだ」という熱いものをチームの中に感じなかったのです。

この日の手帳にも記してあるのですが、チームが今ひとつまとまっていない感じがしたのです。王監督自身もこのままではだめだというものを感じていたために、「来年がラスト」という発言につながったのではないでしょうか。

手術

そのままオフシーズンに突入したわけですが、シーズン後半に痛みを抱えながらプレーしていた左手首の検査のため十月二十三日に渡米することになりました。ヨーカム博士のいるカーラン・ジョーブ・クリニックで診察を受けるためです。今回はヨーカム博士ではなく、手首の専門医のゼメル博士に診察を受けました。まず、手首専門のドクターがいることにびっくりしました。前回の膝の手術のときもそうですが、今回のドクターも全幅の信頼を置けそうです。

検査結果は三角線維軟骨複合体損傷（ＴＦＣＣ）という難しい病名です。だいたい予想はしていたことです。「野球選手ならすぐに手術が必要だ」と言われました。まずは損傷している箇所を縫ってピンで留める。それから二か月後にピンを抜くということです。これはリハビリも含め六か月の長丁場になると覚悟を決めました。

無事に手術が成功し、抜糸が終わった十一月十三日に帰国したのですが、左手は真っ赤なギプスをしたままです。五種類くらいから色を選べたのですが、なぜか目立つ赤にしました。冬でよかったです。汗をあまりかかなくて済んだので、かゆさも匂いもありません。また、利き腕は使えるのでそんなに不自由しませんでした。

私は一年間で身体の大きさにかなり幅が出ます。身体をつくり上げた二月が一番大きく、体重は九十二〜九十三キロくらいあります。シーズンオフの十一月から十二月ごろにかけては八十七〜八十八キロにまで落ちます。ズボンのサイズも一サイズは変わります。オフシーズンに入った直後に買ったズボンはシーズン前にははけなくなることもたびたびです。

この二〇〇七年のシーズンオフには手術もあり、全く動いていなかったので下半身はかなり痩せ細っていました。年末にピンを抜くために、再び渡米したのですが、このときのパンツはこれ以後一度も着ることができないままだったので今は手元にありません。細身の後輩に譲りました。

手術も成功し、アリゾナでいよいよリハビリのスタートです。手首のリハビリはもちろんのこと、痩せ細った身体をプロの身体に戻すこともしないといけません。この時期も斉藤和巳と行動をともにしていました。彼の右肩の状態が上がってこないので、検査とリハビリを兼ねて次のシーズンに向けて早めの準備に取りかかったのです。しかし、斉藤は検査の結果、手術が必要だということになり、彼といっしょに三月の中旬までリハビリをともにしました。彼はその後もひとりで残りリハビリを続けることになりました。

毎年二月からキャンプが始まります。二〇〇八年は球団側からリハビリを優先してくれて構わないと言われていたので、二月もアリゾナに滞在したままです。王監督にも理解していただき感謝しています。斉藤和巳は術後で動くことができないので、本当にひとりっきりのキャンプインです。まあ、キャンプインと言っても、その辺にある公園をひとりでランニングしたくらいですが。

この間週末は時間に余裕があったので、メジャーのキャンプをよく見に行きました。現在アリゾナではメジャー三十球団のうち、十五球団がキャンプを行っています。日本のキャンプとの一番の違いは、効率よく練習できる環境が整っていることです。メイン球場を中心に、全部で四球場くらいあるのです。しかも密集しているので移動にかかる時間も短くて済みます。

バッティング練習は、四〜五人が一組になり、全球場で一斉に打ち始めます。日本はご存じの通り、基本はメイン球場ひとつで練習を行うため、バッティング練習にかかる時間が必然的に長くなります。メジャーは四球場で行うため、単純に計算しても四分の一の時間で済むわけです。メジャーのキャンプは時間が短いと聞いていましたが、時間が短いから練習量が少ないというわけではなかったのです。やはり実際に見てみないとわからないことも多いものです。

シアトル・マリナーズのキャンプを見に行ったときは、ブルペンで金網をはさんで一メートル先にいる城島健司と話すことができました。見学に来たファンとの距離の近さも日本との大きな違いでした。

三月に入るとオープン戦が始まります。これも五〜六試合、見に行きました。三月のアリゾナの気候は最高です。さんさんと注ぐ太陽のもと、天然芝の緑がとても美しく、スタンドから見ている私たちですら自然とテンションが上がるのです。

イチロー選手、城島選手、福留孝介選手、井口資仁選手などの日本人メジャーリーガーを中心に見に行きましたが、リハビリ中の私の身体はうずうずして、本能が目を覚まし出したのを感じました。たんたんとリハビリをこなす日々によい刺激が加わりました。井口、城島に斉藤和巳も交えて食事にも行きました。日本ではこの四人で食事なんて行ったことがなかったので新鮮でした。

王監督の勇退

二月二十日、約四か月ぶりにバットを振りました。軽めのスイングながら痛みはありません。やけにバットが重く感じました。それでもバットが振れる喜びを感じました。身体の奥底に眠っている感覚をゆっくり思い起こしながらていねいに振りました。

初日は二十五スイングで終了。しっかりとしたリハビリプログラムが組まれているため、勝手なことは許されません。一か月後にはフルスイングができるスケジュールです。

三月十六日に帰国しましたが、開幕は十日後に迫っています。痛みがなく振れるといってもとても開幕には間に合いません。まだフリーバッティングを始めていないので、王監督とも話し合い、焦らず段階を踏んでいこうとなりました。屋外でのフリーバッティングでも痛みは出なかったので、三月二十九日には二軍の試合に出場できるまでになりました。二軍戦に五試合ぐらい出場した後、いよいよ一軍に合流です。

四月八日、熊本でのオリックス・バファローズ戦から五番ファーストで復帰しました。前年から苦しめられていた痛みから解放され、試合に出られる喜びを感じながらのプレーです。第一打席からヒットを放ち、幸先のよいスタートを切れました。残念ながら試合は負けてしまいましたが、手術後の試合は長いリハビリ生活も思い出されるのでとても印象深くなります。

この年の交流戦は優勝しました。交流戦で勢いがつけば有利にペナントレースを戦えます。それに、しばらく優勝というものを味わっていなかったホークスにとっては、よい刺激になりました。

しかし、思いがけない大失速が待っていました。九月に入り、たったの五勝しか挙げることができませんでした。私は九月の頭に右足かかとを痛めてしまい登録を抹消されました。まともに歩くことができずに、結局シーズン最終戦まで復帰せぬままに終わりました。全く勝てないチームを見ながら、必死で治療に通いましたが、かかとの中に溜まった血がなかなか抜けなかったのです。

チームはみるみるうちに最下位争いをするところまで落ちこんでしまいました。王監督、最終年です。優勝して送り出すどころか、最終戦の楽天との試合に負ければ最下位が決定という事態になってしまいました。


「自分に勝て」


これが勇退される王監督が、最後のミーティングで話された言葉です。二〇〇八年十月七日です。小雨の降る仙台での楽天戦でサヨナラ負けを喫し、最下位が確定しました。ラストイヤーの王監督を最下位という最悪の結果で送り出すことになり、申し訳ない気持ちでいっぱいでした。

相手チーム、選手と勝負する前に自分自身に勝てない奴は、ユニフォームを着る資格がない。自分に勝つことがまず大切だという話です。この話を聞きながら、自分の中に悩みがあったり、自信がないときはことごとく打ち取られていたことを思い出しました。

普段から自分を高める努力を続けないと、自信を持ってプレーすることなんて不可能です。我々は一年一年契約社会で生きています。一つの球団で毎年十人以上の選手が入れ替わります。その中で十年、十五年と生き残るためには、まず自分に勝つことだと教えてくださいました。

それから、「誇り高き戦士になれ」と言われました。やるべきことをしっかりやった後は、堂々としていなさいということです。

「ユニフォームに対して、プレーに対して常にプライドを高く持ちなさい」。王監督はチームが弱いときでも、常に堂々としていたのを覚えています。普通なら視線を下げて逃げ出したいようなときでも、胸を張って前を向いていました。チームの先頭に立つ人の姿としては、これほど頼もしいことはありません。自分の大将が自信なげな、前かがみでは誰もついていきません。

王監督自身が紛れもなく、誇り高き戦士だったのです。誰よりも自分に厳しく、誇り高く生きてこられたのを、一番近くで勉強させていただけたことに感謝しています。

この年は野球以外で大変なことがありました。十二年間連れ添った妻との離婚です。相手のこともあるので詳しいことは書けませんが、いつの間にか、気持ちがすれ違ってしまったのが別れる理由になったのだと思います。この件では、ある週刊誌に私の浮気が原因だというでたらめな記事が載り、大変迷惑しました。

シーズン半ばには別居の状態になり、ホテルから球場に通っていました。お互いいろいろと話し合った結果、最終的には弁護士に入ってもらい手続きをしました。一年前の二〇〇七年の終わりくらいから関係が決定的に悪化し、結局元に戻ることはありませんでした。

子供たちに罪はないので、そのことには心が痛みましたが、子供たちはしっかりと元気に成長しています。

野球に対して影響がなかったと言えば嘘になります。話し合いを進めていく中で、多少引きずったまま球場入りしたことがあったのも事実です。

しかし、今となっては、離婚という形にはなりましたが、私の現役生活の半分以上をともに歩み、支えてもらったことに感謝しています。もちろん子供に対しては親子ですから、できることはしてあげたいと思います。

リーダーとして

二〇〇八年十月十八日。秋季練習初日のことです。秋山幸二新監督に呼び出され、キャプテン就任が決まりました。ジャイアンツからホークスに戻ってきたときには、一歩下がったところからチームに対してアドバイスを送れればと考えていたことは前述した通りです。

しかし、この二年間チームを見てきて、選手全員で同じ方向を向いていないことが気がかりでした。秋山監督からキャプテンに指名されたことで、もう一度先頭に立ってチームを引っ張ろうと決意しました。

年齢的にも最年長です。全く遠慮はいらない環境です。優勝に向けて戦う集団でなければ、ユニフォームを着る資格はありません。私たちの契約は優勝するための戦力として働くことで成り立ちます。勝利を遠ざけるような、チームに迷惑をかけることはあってはならないのです。当たり前のことを当たり前にする。打った、打たないの結果を言っているのではありません。凡打した後の全力疾走、バックアップ、ベースカバー、声の連携、バント、右打ちなどのチームプレー、どれも小学生のときから言われていることです。まずこれを徹底しようと話しました。

ただ、若手にはチームの勝敗なんて必要以上に気にするなと話しました。それはベテラン連中が考えることです。若い選手には自分が試合に出て必ずレギュラーをとるんだという、ギラギラした気持ちを求めました。そういう底上げがあって初めてレギュラークラスの選手が刺激を受けるのです。またそれがチームの強さにもつながっていきます。

怒られて平気な人なんていません。どんな若い選手にもプライドがあるし、特にベテランになればその部分を上手く扱わないと大変なことになります。若い選手に対してはチームを引き締めるために、皆の前で怒ることはありました。

しかし、ベテランは名前を出すときには前もってひと言耳打ちしておきます。そうすることによってプライドは保たれるのです。

何も怒ることが目的ではありません。勝つためにどうするかを考えたときに、今伝えておいたほうがよいことは先延ばしにしないのが鉄則です。前述したようにホークスは試合前のシートノックを大切にします。実戦の意識を強く持ってやるからです。

あるシートノックでのできごとです。若い外野の控え選手が、ちんたらとノックを受けています。彼は肩の状態が悪いときだったので、強くスローイングできないのは仕方ありません。

しかし、鳥越裕介コーチの打った打球を、全力で追いません。シートノックが終わってロッカーに戻ると「百年早いんじゃ、ぼけっ。しっかり受けんか」と怒鳴り散らしました。

城所龍磨《きどころりゅうま》（現・福岡ソフトバンクホークス二軍外野守備走塁コーチ）です。彼の守備範囲、送球の正確さは天下一品です。主に勝ちゲームの守備固めが彼の仕事です。彼が試合の後半にセンターの守備につくと、非常に頼もしく感じられるくらい安定しています。その守備が売りの選手がちんたらとボールを追う姿は私には許せない。あえて皆に聞こえるように怒鳴ったのです。この世界、隙を見せたら負けです。特に中心で活躍している選手でない限り、代わりはいくらでもいるのです。それを自覚しない限り、プロの世界で長く飯は食えません。チームが強いか弱いかで、使われる選手のタイプが変わります。チームが強いと当然勝ち試合が多くなるわけですから、守備固め、足の速い選手が必要になってくるのです。逆にチームが弱いときは、将来的なビジョンまで考え、少々荒削りでも、レギュラーを張れそうな選手を起用します。

私が常勝ホークスに入団していれば、間違いなく一年目から一軍で使ってもらえることはなかったはずです。これも運のひとつです。だから、城所龍磨には強いホークスだから活躍の場があるのだということを自覚してほしかったのです。

同じようなタイプの選手では、福田秀平（現・くふうハヤテベンチャーズ静岡）がいます。彼は二〇一二年春のキャンプで膝を痛め、ずっと我慢しながら隠してプレーを続けていました。とても痛みに強い選手です。

プロ野球の世界は上手い選手より、強い選手が生き残ります。上手さと強さの両方とも兼ね備えた選手になれば、スーパースター間違いなしです。

この福田秀平の代走での盗塁成功率は日本一だと思います。実際あとひとつ成功させれば連続盗塁成功の日本記録に並びます。これまで三十回連続で盗塁を成功させ、次に成功すれば元南海ホークスの広瀬叔功《よしのり》さんに並ぶのです。NPBの公式記録ではありませんが、ここまで来たら達成してほしいものです（その後、福田選手は日本新記録《当時》を達成した）。少し話がそれましたが、選手起用にはそのくらいチーム状態も関係してくるということです。

私が公開説教した選手がいます。大隣《おおとなり》憲司（現・千葉ロッテマリーンズ二軍投手コーチ）です。彼は近畿大学から希望枠でホークスに入団してきました。私がホークスに復帰したときと同じ年に入団したこと、また彼の学生時代のピッチングをたまま神宮球場で見る機会があったことなどもあり、何かと気になる存在でした。非常によいボールを投げます。二年目は二桁勝利を挙げましたが、私はまだまだ上を目指せる投手だと思っていました。私だけではなく、監督はじめ投手コーチも、あのボールを見ればまだ持っているものの半分くらいしか、試合では出せていないと感じていたはずです。

二〇〇九年八月四日の千葉ロッテマリーンズ戦でのことです。八回が終わった時点で八対二とリードしていました。大隣は八回も三者凡退に抑えました。迎えた九回です。先頭打者から三連打され交代です。

その打たれた後の、淡々としたマウンド上での姿に、私は「ぶちっ」とスイッチが入ったのがわかりました。

「何回同じこと、やっとんじゃっ」

三塁側テレビカメラの音声でも拾えるくらいの大声です。彼にしてみたら、自己最多の十三個の三振を奪い、勝利投手になりながら、なぜ怒られるのか意味がわからなかったと思います。

「よい日は最後までよい形で終わることが大事である」

私が若いときに、森脇さんから教わったことです。二打席連続ホームランを打った試合で、最後にエラーをしました。そのときに森脇さんから言われたのです。

「気を抜いてエラーしたわけではないのはわかる。ただ、よい日は最後までよい形にするという意識はあったか」

そこまでの意識はなかったのです。それ以後、活躍した試合ほど後半そのことを強く意識しました。おかげでよい日はほとんど、よい形のまま終われました。そうなることで自信の積み重ねになり、周りから見ても隙のないプレーヤーのイメージができてくるのです。それを彼に伝えたかった。

調子がよく、三振もたくさん取れた。完投には持ってこいの試合展開です。ただ、何より彼の能力からしたら物足りない。ひと皮むけてほしいという思いから、ああいう行動になったのです。

私が二〇〇九年に最大の目標と掲げたのが「全試合出場」と全試合で「声出し」をすることです。声出しとは、試合前のシートノックが終わった後に、みんな輪になって「さあ、行くぞっ」と気合いを入れる儀式です。指名された選手がひと言しゃべるのですが、笑いを取りにくる選手もいれば、歌を歌った選手もいました。

それを一年通して私がすると決めました。もちろん歌は歌いません。声出しを一年間できればグラウンドに立ち続けたことになるからです。ジャイアンツ時代にキャプテンに指名されながらも骨折しました。とてもチームに迷惑をかけたので、その反省から何があってもチームから離脱しないという目標を立てたのです。マッサージや鍼治療の時間をたっぷり取り、大好きなお酒も控えめにしました。

交流戦こそ優勝を果たしましたが、結局ペナントレースは三位に終わりました。私も数字としては満足のいくものを残せませんでした。ホームランがたった十八本。

ただ、全試合出場の目標だけは達成しました。仙台でのクライマックスシリーズに敗れた直後になぜか涙が止まりませんでした。ここまでチーム全体を考えて戦ったシーズンは初めてだったこともあってか、勝てなかった悔しさだけが残った一年だったのです。

リーグ制覇

二〇一〇年三月二十日、札幌で迎えた開幕戦。まだ背丈ほどの雪が積もったすすきのを抜け、札幌ドームに向かいました。北海道日本ハムファイターズの先発は、エースのダルビッシュ有投手。

私は久しぶりの開幕四番です。この年の打撃陣は一試合五点を目標に掲げていました。例の声出しで私は「ダルビッシュが相手でも五点取るぞ」と気合いを入れました。ホークスのエース、杉内俊哉の好投もあり、打線もダルビッシュから五点を奪い完勝です。私も三安打二打点の活躍でこれ以上ないスタートが切れたのです。

五月の後半ぐらいから、首の痛みとともに左腕にしびれが出始めました。阪神との交流戦の試合前の練習のときでした。バッティング練習をしても何かスイングに違和感があります。首は特に痛いわけではないのですが、打球に力強さが伝わらないのです。試合はそのまま出たのですが、どうも打球に力が伝わっていないように感じました。

そして試合後のウェートトレーニングでびっくりすることが起きたのです。いつも通りダンベルを持って、胸を鍛えるために仰向けになりました。そして、ダンベルを持ち上げようとしたときに、左だけ上がらなかったのです。全く力が入っていません。右は普通なのに左胸と左上腕三頭筋だけ力が伝わらないのです。

すぐに腕立て伏せを試みました。トレーニングコーチやほかの選手も見ています。

なんと一回も腕立て伏せができなかったのです。痛みはないのに力が入らない。しかも、胸と三頭筋だけです。これにはさすがに焦りました。腕立て伏せが一回もできない野球選手なんて聞いたことがありません。ただ、痛みはないのでその後も数試合出場を続けました。

六月一日の東京ヤクルトスワローズ戦での第一打席のことです。ワンボール、ノーストライクから中澤雅人投手のチェンジアップをファールした際に、左肩に激痛が走りました。映像を見る限り涼しい顔をしていますが、痩せ我慢です。二打席目のレフトフライを打った時点でベンチに退きました。

そのまま登録を抹消され、七月十日まで一軍には戻れませんでした。

結局、左肩の激痛の原因は、力が入らない状態でフルスイングをしたために、遠心力でバットを握っている左手が上のほうまで持っていかれ、通常止めるところで止められなかったことのようです。筋力があればストップが利くのですが、力が入らないのでそのまま左斜め上に引っ張られたのです。腕立て伏せすらできない選手が試合に出たのが無謀でした。

リハビリも全く進まず、病院の先生もよくわからないという感じです。神経症状には間違いないのですが、筋肉に力が入らないのでどうしようもないのです。嘘ではなく「引退」が頭をよぎりました。

それから三週間、状態が変わらない日々が続きました。しかし、またこれも嘘みたいな話ですが、前触れなく突然力が入り出したのです。もちろん右と比べればまだまだですが、力を入れてもふにゃふにゃだった左胸筋に硬さが戻ってきました。

ここから復帰するまではそれほど時間はかかりませんでした。左胸と三頭筋に力が入らなかった原因は、首痛があったときに脳が神経を遮断したことが理由のようです。その影響で脳からの伝達がストップしたのだそうです。とにかく引退はせずに済みました。

シーズン後半は久しぶりに一喜一憂する展開に持ちこまれました。

九月十八日の対埼玉西武ライオンズ戦。この日を含め残り六試合です。西武にはマジック四が点灯しています。常識では逆転優勝はありえません。この日からの三連戦で最低三連勝して、やっと西武のお尻に火がつく程度です。ひとつも負けられない一戦は終盤までもつれました。

私に八回裏の攻撃で送りバントのサインが出るような展開です。結局延長十一回裏、私のサヨナラホームランで劇的勝利を収めました。それから勢いに乗ったホークスは五連勝して、最終百四十四試合目で優勝が決まるという、球史に残るシーズンとなりました。

百四十三試合目、杉内俊哉がダルビッシュ投手に投げ勝ちました。札幌ドームのヒーローインタビューで彼が号泣したのは忘れられません。若いころに自分の不甲斐なさに腹を立て、ベンチを殴り両手を骨折した男です。そのエースが苦しみ、孤独に耐え、勝ち取った完封劇に思わずロッカーでもらい泣きしました。さすがエース。背負っているものが違うのが、長年四番を張ってきた私にはわかります。これで優勝できる、そう思いました。

九月二十六日、対東北楽天ゴールデンイーグルス戦。私たちは午後六時試合開始です。西武は札幌ドームで午後三時から先に戦っていました。私たちが勝てば文句なしの優勝ですが、西武が負けても優勝です。「西武負けろ」が本音です。

はっきり言って、勝って秋山監督を胴上げするなんて余裕はありません。とにかく優勝したいのです。試合開始の五分前まで、ベンチ裏のモニターに釘《くぎ》づけでした。

私たちの試合が始まり、第二打席に向かう前のネクスト・バッターズサークルにいるときです。球場がざわつき、もしかしてとベンチを見ると、秋山監督がガッツポーズしています。

優勝です。叫びたい気分をぐっと我慢しました。前の打者、松中信彦には「西武、負けたぞ」と打席中にもかかわらず声を出して伝えました。次のイニングの守りにつくと、ライトスタンドのホークスファンから「おめでとう」の声援です。涙があふれました。前年悔し泣きをした仙台でやっとの思いで流したうれし涙でした。

しかし、またもやクライマックスシリーズの壁が大きく立ちはだかったのです。優勝チームには一勝分のアドバンテージがつきます。初戦こそ敗れはしたものの、続く二戦、三戦目は連勝です。アドバンテージを含めて王手をかけました。

福岡のファンをはじめ、全国のホークスファンは今年こそクライマックスシリーズを突破できると思ったに違いありません。しかし、王手をかけてからチームは金縛りにあったように機能しなくなりました。

一方、相手のロッテはと言えば「だめでもともと」でのびのびプレーしているように見えました。

優勝チームが本拠地で王手をかけた後、まさかの三連敗です。私自身は、三勝二敗で迎えた試合が一番緊張したのを覚えています。家を出るときに、「今日決めないと明日は嫌な予感がする」と感じていました。

ベテラン連中は「嫌な予感はよく当たる」と言います。経験と言えばそれまでですが、それはともかくミラクル的なこと、ラッキーなことなどに期待を抱かなくなるのです。これはよくない傾向です。これは自分自身の現役終盤にも当てはまります。若いときより確実に先を読みすぎるようになり、あまり過度な期待を持たなくなるというのが反省点でありました。

最後、負けたときはみんな立ち上がれずに座りこんだままでした。泣いている選手も何人かいました。あの奇跡の逆転優勝から一転、地獄を味わったのです。

ペナントレースにおいては一勝の大切さを知り、クライマックスシリーズでは一勝の難しさや苦しみを味わうことになりました。好対照な、激動のシーズンを経験することになったのです。

しかし、この経験は若い選手たちにとって、きっと貴重な財産になっていると思います。ペナントレースでは残り六試合からの逆転優勝で、最後まで諦めない大切さを学び、クライマックスシリーズではあと一勝を目前に日本シリーズに行けなかった自分たちの甘さを知ることになったわけです。

この悔しさは翌年の二〇一一年に結実することになるのです。完全優勝に向けての序奏にすぎなかったのではないでしょうか。

大震災

完全優勝の名の通り、二〇一一年のホークスはまれに見る最強軍団でした。完全優勝とは、セ・パ合わせた十一球団に勝ち越すことを意味します。

交流戦は他リーグの一チームに対して四試合しかなく、ここですべて勝ち越すのは至難の業です。二勝二敗じゃ勝ち越しにならないわけです。それを全部勝ち越せたのは神がかっていたと言えるかもしれません。選手を集めてのミーティングも一度も開きませんでした。必要がないのです。やることなすことすべて上手くいきました。

三月十一日。未曽有の大震災が東日本を襲いました。オープン戦真っ只中《ま ただなか》、ちょうど広島に移動する日でした。地震のため新幹線のダイヤが大幅に変更になっていました。東日本で起きた地震が博多にまで影響しているんだとのんきなことを思いながら列車に飛び乗りました。

そして、広島のホテルのテレビであの津波の光景を目にしたのです。言葉が出ないとはこのことです。映画を見ているような錯覚に陥りました。

すぐに仙台の知り合いに連絡を取りましたが、つながりません。次から次に流れてくる映像を見ながら、自然の怖さ、すさまじさを感じずにはいられませんでした。数日後、共通の知人を通じて仙台の知り合いの無事が確認でき、ほっと胸をなで下ろしました。

遠い福岡からですが、野球以外で何かできることはないかを考えました。ホークスの選手に声をかけ、無料トークライブを行いました。そこで募金活動をして集まったお金を寄付するためです。ほとんどの選手が賛同して足を運んでくれました。

またオープン戦がちょうど楽天戦だったということもあり、嶋《しま》基宏選手（現・ヤクルトスワローズヘッド兼バッテリーコーチ）、田中将大《まさひろ》投手はじめ、数人の楽天の選手も参加してくれました。

「今、私たちにできること」をテーマにこれ以後も微力ながら復興支援活動は続けています。

けがと四百本塁打

この東日本大震災の影響を受け、開幕が大幅に遅れました。この年の私はこれがまたけがばかりです。本当にけがをしないシーズンはなかったのではないでしょうか。開幕戦の二打席目でデッドボールを受けました。しかも、ジャイアンツ時代のチームメイトで、自主トレにも何度も連れていき、数え切れないくらい食事にも連れていった、オリックス・バファローズの木佐貫洋《きさぬきひろし》投手（現・読売ジャイアンツスカウト）からです。

あまりにも痛かったのでレントゲン写真を撮りに行きました。右手親指の骨折です。いい加減、慣れました。先生から聞いても驚かないのです。四百号ホームランも前年から持ち越しになっていたので、「いつになることやら」とそんな感じです。

しかし、思ったほど時間がかからずに復帰しました。十日間の登録抹消期間だけで済みました。骨の欠けた箇所が親指の外側だったのが不幸中の幸いでした。欠けたままでも、バットは振れるしスローイングも問題ありません。

しかし患部を押されれば、痛みで飛び上がるほどの状態です。ただ、これ以上休む理由はないので、四月二十三日、九州新幹線開通記念シリーズの鹿児島の試合、対千葉ロッテマリーンズ戦で復帰を果たしました。

同点で迎えた九回裏。ツーアウト一、二塁からセンターオーバーのサヨナラヒットで勝負を決めました。私の二〇一一年のスタートです。再検査のため病院に行った記憶がないので、知らない間に骨もくっついたようです。

なかなかホームランが出ませんでした。焦りはありませんでしたが、この年から導入された統一球（公式使用ボール）の影響を感じていたのはたしかです。芯に当たれば変わりないのですが、私のように少し詰まり気味で押しこむタイプのバッターには正直に言って、きつい変更でした。

そんな中、五月十二日にようやく四百号ホームランを達成しました。私は試合の途中で勝敗がまだ決まっていない段階では歯を見せません。しかし、この日は笑っていました。そのくらいうれしかったのです。四百本塁打という数字は、過去の選手でたった十五人しか達成していません。そんな記録の仲間入りを果たせた喜びと安堵《あんど》感で思わず頬が緩んでしまったのです。

プロ入り後、遠くに飛ばせることが私の長所だと信じてやってきました。それは四百という数字によって証明されたと思いました。

この節目の数字は、私に関わってくださった方々、応援してくださった方々への恩返しだと思っています。人生をともに歩み、ともに築き上げた時間は尊いものです。その尊い時間を、数字とともに、より深く濃く記憶に留《とど》めていただけたらうれしいです。

八月にまたもやオリックスの投手からデッドボールを食らい、そのまま退場しました。この本の読者の皆さんから「またけがですか」と言われそうですが、はいその通り。また骨折です。肋骨にボールが当たったのですが、ここはレントゲン写真に写りにくい場所です。ひびが入っていたとしても見つけにくいのです。骨には異常なしと言われましたが、痛みが強かったので二十日近く試合を休みました。

その後しばらくして、出場予定のゲームの前日のことです。夜ご飯を食べた後、ちょこっと横になりました。その瞬間「ばきっ」と音がしました。これは折れたと直感した私は、球団に連絡して朝一番でレントゲン写真の予約を入れてもらいました。

予想通り、骨折です。今回ははっきりと骨に折れたラインがありました。これも三週間で復帰しました。肋骨の骨折は痛みさえ我慢できれば、次の日からでも動いてよいのです。実際、高校時代は折れているのを知らずに投げ続けたわけですから。私にしては少し時間がかかりすぎなくらいでした。

その間もチームは絶好調です。キャプテンなんて必要ありません。これだけシーズンを通して悪い波が来ないのは、プロに入って初めての経験でした。

九月に入ってマジックも点灯したころです。前年からたまに顔を出していた首の痛みがいよいよ本格化してきました。自分のタイミングで振れているときは問題ないのですが、変化球に泳がされたら一巻の終わりです。左手の甲にまでしびれが出るようになりました。

じつは、二〇一一年一月のアリゾナでの自主トレの際、首に注射を打っていました。これが日常生活でも影響が出るくらいの痛みだったので、藁《わら》にもすがる思いでした。すぐに効果を発揮して、九月まではごまかしながらプレーできたのです。

しかしいよいよごまかしが利かなくなったので、同じクリニックのドクターに注射してもらうために三泊五日の強行スケジュールでアリゾナまで行ってきました。

帰国後、少しはよくなりましたが、ペナントレース優勝のシーンはベンチ裏で見届けることになりましたが、クライマックスシリーズには間に合わせるつもりでいました。

再びの歓喜へ

パ・リーグ二連覇達成。全球団に勝ち越しての完全優勝です。

「今年日本一になるにはふさわしい球団である」。暗示に近い思いこみがありました。宮崎のフェニックス・リーグに全員で参加しました。実戦から離れているので、試合勘を取り戻すためです。準備万端です。私も久しぶりに実戦に復帰しました。しびれが出てすぐに交代ではチームに迷惑がかかります。その判断を間違ってはいけないので、なるべく試合には出させてもらいました。数試合しても痛みが出なかったので、クライマックスシリーズは身体も心も、スタメンで行く覚悟を決めました。

迎えた西武戦。選手たちも毎年クライマックスシリーズには出場しているので、比較的落ち着いています。よい意味で余裕があるといったところでしょうか。

初戦を勝利すると、三連勝で一気に日本シリーズ進出が決まりました。ようやくポストシーズンの呪縛が解かれた瞬間でした。西武ドームに続き、地元福岡で再び宙に舞う秋山監督がいました。

ビールかけは何度やっても楽しいものです。ソフトバンク・孫正義《そんまさよし》オーナーがビールかけに参加していました。オーナーにビールをかけてよいものか迷いましたが、「やったあ、やったあ」を連発している姿を見ると、遠慮している自分が逆に失礼だと思い、頭からいかせてもらいました。

　あれだけうれしそうな孫オーナーの笑顔を見て、最高のオーナーのもとでプレーできていることに感謝の気持ちが湧きあがりました。あそこまではしゃぐオーナーはいないのではないでしょうか。日本シリーズでもう一度、オーナーと監督を胴上げすると誓いました。


　日本シリーズ進出を決めた翌日、一通のメールが届きました。内川聖一からです。

「僕に優勝の経験をさせてくれてありがとうございました。小久保さんからはチーム全体のことを考える姿勢を学びました。気がついたことは何でも言ってください。これからもいろいろ教えてください。本当にありがとうございました」

　このメールを読みながら、居酒屋のカウンターで涙している私の姿は、ほかの人から見たら滑稽だったでしょう。彼には一度こんな話をしました。彼がけがで離脱を余儀なくされたときに、マスコミがいるところを避け、こっそり裏口から帰ったことがあります。次の日、私は彼に言いました。

「聖一、主力が裏からこっそり帰るのはやめておけ。けがの内容まで記者の人たちに話す必要はないが、堂々と表から帰りなさい」

　これも私が王監督から教わったことです。

「チームの中心の選手はよくても悪くても、逃げ隠れせずに堂々としていなさい」

その教えを伝えたまでです。

このシーズンの優勝は内川聖一抜きでは考えられません。MVPです。その彼にとって優勝とは次元の違うものだったに違いありません。Bクラスの多い横浜ベイスターズから移籍一年目での優勝は、一生忘れることのない記憶として脳裏に刻まれたことでしょう。個人記録とは比べものにならない喜びを知ることになったのです。

私は、感謝の気持ちを素直に伝える大切さを逆に彼から学びました。私もこれ以後はちゃんと言葉にして感謝を伝えることを意識しています。先輩にかわいがられる達人になることは、成功への第一歩かもしれません。私もこれからの第二の人生において、かわいがられる後輩を目指します。

話を戻します。私の首の状態は九月の中ごろからは綱渡り状態でした。いつ痛みが爆発しても不思議ではありません。実際のところ、このシーズンの公式戦が終わった時点で、手術をすることは決めていました。

そんな状態なのに宮崎のフェニックス・リーグから痛みが嘘のように消えました。どうせなら日本シリーズのMVPをとりにいくと決めました。

骨折から始まったこのシーズンです。最後くらい、痛みのない状態でプレーさせてくれた野球の神様に対して、そのくらいの意気ごみでプレーするのが恩返しだと思いました。

朝起きたとき、試合に出かける前、寝る前とひたすら福岡ドームでMVPの受賞インタビューを受けているシーンばかりイメージしました。

私がメンタル面の強化に目を向け、アプローチしたのが二〇〇〇年からです。第4章で紹介した志賀一雅先生には自分の弱みを包み隠さず話しました。また脳の構造や脳波測定など、自分を知るための勉強もしました。自分の思い描いた結果を手に入れるためには、その過程をイメージする必要はありません。完了形でイメージして、それを手に入れたときの喜びの感情をくっつけてイメージトレーニングしておくと、脳は勝手にそこに向けて動き出すのです。

さあ、いよいよ二〇一一年日本シリーズ開幕です。セ・リーグの覇者、抜群の投手力を誇る中日ドラゴンズが相手です。ホークスも投手力を中心とした守りの野球です。そんなに点を取れないシリーズになるというのが大方の予想でした。

福岡ドームで二連敗のスタートでした。名古屋への移動日をはさんで、火曜日の第三戦から私が四番に座ることになりました。「四番だから」ということで、過剰に意識することはありませんでした。これまでヒットは出ていたものの、特に目立った活躍はしていません。この試合もヒットこそ放ちましたが、得点機にはからんでいません。

この試合は攝津《せっ》正の好投があり、四対二で勝ちました。ここでもイメージトレーニングは変わらずに続行中です。

第四戦、第五戦と初回のチャンスで私が二試合続けてタイムリーを放ちました。そのまま勝ったので、私に勝利打点がつきます。この時点でMVP候補に名前が挙がりました。

王手をかけて福岡に戻りました。久しぶりの日本一が近づき、ファンの方々のテンションが高いのがわかります。第六戦は敗れました。最終戦で決着です。

この日の先発は杉内俊哉。前日、ロッカーで「明日投げたくないから、今日勝って」と泣き言を言っていました。気持ちはわかります。誰だってそう思うからです。

腹をくくって挑んだ第七戦。エース杉内が見事なピッチングでスコアボードにゼロを並べます。私はと言えば、二打席目がツーアウト満塁。今シリーズ初めてMVPを意識した打席になります。ベンチを出るときから「絶対打つ」と思い打席に向かいました。しかし、狙っていたストレートに差しこまれセンターフライに終わりました。「MVPが手の届くところまで来ていたのに、勝負弱いな。これでMVPはない」

そう思って守りにつきました。

九回表ツーアウトからゲームセットまでやたら長く感じます。興奮しすぎておかしくなりそうです。最後のバッター和田一浩選手を三振に打ち取った瞬間、腹の底から絶叫しました。三塁側のカメラマンがその瞬間を撮ってくれていた写真を後日見ましたが、雄叫《おたけ》びを上げながら大きくジャンプした姿は「永遠の野球少年」でした。秋山監督、孫オーナーを再び胴上げすることができました。おまけに私まで胴上げしてもらい、感謝の気持ちでいっぱいです。

いったん荷物を置きにロッカーに戻ろうとしたときです。「おめでとう」のひと言をマネージャーからかけられました。MVPに決まったのです。もう、二重の大喜びです。しかも秋山監督の日本シリーズMVP最年長記録を更新するというおまけつきでした。

優勝監督インタビューの後、MVPインタビューが始まりました。お立ち台から見る景色はまさにこれまでイメージしてきた通りの光景でした。シーズン中のヒーローインタビューとは違い、表彰式のため、選手が全員聞いています。これもイメージしていた通りです。

先に書いた通り、どんな活躍をすればMVPがとれるかなどイメージしたことはありません。ひたすら、私がお立ち台で話しているシーンだけをイメージしました。普通に頭で考えていたら第三戦あたりで諦めていたと思います。そこを「どうすればとれるか」を考えずに、脳に委ねた結果がこの受賞につながったのです。十年以上メンタルトレーニングを続けてきた成果が現れた瞬間です。

チームを代表していただいたMVPです。皆に還元すると約束したので、賞金の半分を飲み会で使いました。残り半分は東日本大震災の義捐金《ぎえんきん》として寄付させてもらいました。

このシーズンは、開幕戦で骨折するというアクシデントから始まりました。シーズン終盤には、持病の首痛が悪化して、優勝争いをしているチームから離れることになりました。日本シリーズのMVPがなければ、どうってことのない一年でした。しかし、「終わりよければすべてよし」という言葉があるように、日本シリーズのMVPのおかげで最高の締めくくりとなりました。辛かったことや苦しかったことが、一瞬で吹き飛んでしまいました。

最高の思い出がひとつ加わった、二〇一一年は忘れられない一年になりました。

余談になりますが、この日、人生で最も多くのお祝いメールをいただきました。全部で三百通は超えていたと思います。中には、城島健司からの「何で先輩がMVPなんですか？　何もしてないでしょ」というキロメールもありました。翌々日までかかり、全員への返信を終えました。

十二月九日、人生八度目の手術を受けました。正直なところ、首という箇所の手術には勇気がいりました。今のままでも生活はできます。万が一、手足が動かなくなったらどうしようという思いはたしかにありました。

そこで出会ったのが、和歌山県立医科大学で整形外科学を専門とされる吉田宗人《むねひと》教授（現・名誉教授）です。吉田教授は脊椎内視鏡下手術の第一人者です。吉田教授の手術は、これまでの切開手術とは異なり、傷口も小さく筋肉に対する負担も少ないため、復帰までに要する期間が短いのが特徴です。地元和歌山にこんな偉大な先生がいらしたなんて、まさに灯台下《もと》暗しです。しかも親戚筋とつながりがあることが判明し、吉田教授にすべてを預けようと思うまでに時間はかかりませんでした。

手術も無事に成功し、麻酔から目覚めたときにすべての指が動き、足も動いたときは正直、ほっとしました。もちろん全幅の信頼を置いていますが、麻酔から覚めたときは誰もが不安に思うものです。たしかに傷口は小さく、身体への負担は少なかったようです。すぐにひとりでトイレに行ったときは、横にいた母がびっくりしていました。

おかげさまで手術後から今日に至るまで、あれだけ悩まされた痛みから解放され、快適な生活を送っています。

二千本安打

そして迎えた二〇一二年。いよいよ二千本イヤーの始まりです。例年通りアリゾナでの自主トレに向け、成田から飛び立ちました。この前の年から変化がありました。これまでずっと後輩を連れていくのが常でしたが、前年からは単独で行っています。

理由は単純明快です。周りを気にせず、マイペースで動きたかったのです。何人かの後輩には同行させてほしいと頼まれたのですが、そう長くない現役生活を考えると、少しくらいのわがままは許されるかなと思い、断りました。

今回の自主トレは手術明けということもあり、コンディショニングコーチとマンツーマンで行いました。八十八キロの体重が帰国時には九十二キロまで増え、体脂肪は十五パーセントから十二パーセントまで落ちました。三週間でこれだけ身体が変化するのです。ずっとアリゾナに自主トレに来る理由のひとつでもあります。身体をつくるプロに任せたほうが故障もなく、何より精神的に安心感があります。ちょっぴり自慢げな筋肉の鎧《よろい》をつけて帰国しました。

キャンプも大きな故障なく順調でした。開幕を迎え、少し気になることが出てきました。腰が痛いのです。最初は疲労だと思っていたのですが、いろいろな治療を施しても完全に痛みが消えることがありません。ごまかしながら、二千本まで残り三十八本に迫ったシーズンを戦いました。

もう毎日がカウントダウンです。レギュラーで出場するからには、最低一日一本がノルマです。そう考えると、五月中旬くらいに達成かな、なんて思っていました。しかし、日に日に腰の状態は悪くなっています。痛みに耐えながらも出場を続け、残り三本になったところで福岡ドームに戻ってきました。こうなればどうしても地元福岡で達成したいと強く思いました。

次の遠征までは四試合あります。十分達成可能な数字となり、いよいよ私の気持ちもファンの方々も盛り上がってきました。

そして迎えた五月二十二日の広島戦。一打席目に泳がされながらもライト前ヒットを放ちました。この時点で残り二本です。一気に達成する可能性も出てきました。そして最終五打席目、今村猛《たける》投手から初球のストレートを弾き返し、レフト前ヒットを放ちました。これで王手です。これを見たファンが次の日のチケットを買いに走ったことをニュースで知りました。

しかしこの時点で腰の痛みが限界でした。それにこの日の試合中に痛みの質が変わったのです。これまでは腰を丸めると痛いので、いつも姿勢よく腰を反り気味にしていました。ところが、この試合の途中から腰を反る姿勢ができなくなりました。反ると強く痛みます。正反対になったのです。

嫌な予感がしました。帰りの車まで歩くにも前かがみで歩くしかありません。大勢の記者を引き連れながら、あまり格好悪い姿で歩くわけにもいかず、痩せ我慢で通路を歩きました。その夜は痛みが強く、深い眠りを得られそうにありませんでした。痛くない姿勢を探しながら、何度も寝返りを打ち、横向きで丸まっている間に寝てしまいました。

朝起きると、前日よりさらに悪化しています。正直に言って、プレーは不可能だと思いました。まっすぐ立てないのです。何とか球場入りしましたが、ほとんど練習もできません。しかし今日のためにチケットを購入しに走ったファンを思うと休むわけにいきません。

試合開始三十分前に座薬を突っこみ、試合に出場したのですが、ほとんどの方がそこまで悪いと気づかなかったと思います。結局、フォアボールがひとつありましたが、残りの三打席は三振です。

一応病院で診察してもらおうということになり、レントゲン写真とMRIを撮りました。レントゲン写真は一瞬で終わりますが、MRIはそういうわけにはいきません。最低二十分くらいは静止状態です。なるべく腰が反る姿勢にならないように、いろいろな物をはさんだり詰めたりして、何とか二十分我慢できる姿勢をつくりました。そこまでしてできあがった画像には、皮肉にも大きくヘルニアがぼっこり写っていたのです。

「これでよく試合に出たね」がドクターの言葉です。

「あの状況では休めません」

「今日も出るので痛みを取ってください」と伝えました。すぐに硬膜外ブロック注射を打ってもらい球場入りしました。ブロック注射は即効性があるので期待しましたが、あまり効果を感じることはできませんでした。

球場に入り、秋山監督と協議の結果「登録抹消」となりました。この状態でプレーしてもよい結果を残すことは無理だということで、私自身も納得せざるをえません。不謹慎ながらこのときは、「けがばかりの野球人生だった私には、ある意味ふさわしい。千九百九十九本からの登録抹消は私だけだろう。講演や本を出すときのエピソードが増えた」などと考えながら、監督室を後にしました。

この時期の登録抹消は予想外の反響がありました。また、椎間板ヘルニアは比較的有名な病気です。全国の三十人を超える方からお便りをいただきました。私の知り合いを通じて連絡をくれた人も合わせると、四十人くらいの方がお医者さんの紹介などに名乗りを上げてくださいました。

しかし、今までの野球人生でお世話になった人を中心に治療すると決めていたので、新しく治療を受けるのは遠慮させていただきました。

青山学院大学の河原井監督からも電話をいただきました。週末にある先生を福岡まで行かせるとのことでした。これはさすがに断れません。正直に言って、ありがた迷惑な話だと困惑しました。

五月二十五日に登録を抹消され、二週間後の六月八日、その先生と待ち合わせの約束をしているホテルに向かいました。この間、ほとんど寝たきりに近い状態です。腰をまっすぐにして歩ける時間は、わずか三分です。部屋をノックし、前かがみの姿勢でヨタヨタと歩き、中に入りました。

「初めまして小久保です。今日は遠いところ、足をお運びいただきありがとうございます。よろしくお願いします」と普通にあいさつしました。先生にはすべてお見通しだったのでしょう。

「河原井さんから言われたので断れなかったでしょう。だまされたと思ってそこに寝てみなさい」

私は相当、不安な顔をしていたのだと思います。そこで寝転がり治療を受けました。治療に使うのは指だけです。ほかは何も使いません。しかも治療時間は十五分くらいです。

一回目の治療が終わり、立ち上がりました。狐《きつね》につままれたとはこのことです。腰がまっすぐになるのです。休憩してもう一回治療するとのこと。私も単純です。二回目の治療では全幅の信頼を置き、完全に身体を預けました。たった二回の治療で腰をまっすぐにして帰ることができました。

治療二日目のことです。その日の一回目の治療後に先生から「運動してみましょう」と言われました。目が点になりました。いくらなんでもそれはやりすぎではと思ったのです。ところが、体操、ジョギング、軽くスイングまで行いました。これが痛みもなくできるのです。これにはびっくりです。これで想像がつくと思いますが、三日目は治療後、ダッシュにキャッチボール、挙げ句の果てには、フルスイングのティーバッティングを二十球くらい打ちました。

二週間ほぼ寝たきりに近かった身体が、たった三日でフルスイングできたのです。この間、治療六回で一回の治療時間は十五分。使うのは先生の親指のみ。読者の方が信じられないのも無理はありません。私も信じられないのですから。ただ、動けたことは紛れもない事実です。

六月十二日から西戸崎室内練習場で練習を開始しました。報道各社勢ぞろいです。本当は百パーセントの力で動けるのですが、わざとスローペースで練習しました。本当に悪かったのか、疑われると思ったからです。それでも周りの人はびっくりしていました。本当に奇跡だったと思います。奇跡と言っては先生に怒られますね。当然だと言われそうです。

次の日、潮が引いたように静まり返っている西戸崎で百パーセントに近い練習を行いました。この日はテレビカメラ一台だけです。その局が、フルスイングでティーバッティングしているのを、夕方のニュースで流しました。予想通りニュースを見た知り合いから驚きのメールが届きました。

この復帰前の一連のできごとは、先生のお名前を出さない約束で書かせてもらっています。そのくらい私にとって衝撃的な出会いだったのです。六月十八日、再びMRIを撮りました。以前撮影した画像にはぼっこり出ていたヘルニアが、嘘のように消えてなくなっていました。

そして迎えた六月二十四日。ついに一軍復帰です。二軍での二試合の調整を経て福岡ドームに帰ってきたのです。多くの報道陣に囲まれながら球場入りした私は、「今日決めます」と力強く宣言しました。このときの正直な気持ちは、とにかく一刻も早く、この騒ぎを終わらせたかったのです。いつもより報道陣の数も多く、チームの勝利というよりは私個人に対する注目なので迷惑をかけているという心境でした。

相手投手は北海道日本ハムファイターズのブライアン・ウルフ選手です。一打席目は見逃し三振に倒れたものの、感じは悪くありません。

続く二打席目、ついに訪れた歓喜の瞬間。打った瞬間、それとわかる一打です。これまで何度も二千本安打を達成した夢を見ましたが、そのどれでもないきれいなセンター前ヒットでした。ベンチから選手、コーチが出てきてくれ、最後には監督から花束までもらい感謝の気持ちでいっぱいになりました。

試合を中断させていることが気になりながら、「今日だけは許してください」。そんな心境でした。

試合後に選手を集めました。

「これまで個人的なことで、迷惑をかけて申し訳なかった。これでやっと優勝に向けて集中できる。もう一度チームがひとつになってパ・リーグ三連覇に向けてがんばろう」

そう話して私自身にも区切りをつけました。

二〇一一年の開幕で初めて二千本安打達成を意識しました。残り百三十本でした。レギュラーで出場すれば十分達成可能な数字です。それからこの日まで心の中でずっとカウントダウンをしてきました。しかし、明日からまた積み重ねの野球人生を歩もう。そう心に決めたのです。

引退試合

私の引退表明後に七連勝こそありましたが、残念ながらパ・リーグ三連覇を果たすことはできませんでした。私も試合に出たり出なかったりが続きました。

しかし、最後まで「一日でも長く小久保さんとともに」というホークスの仲間の気持ちは痛いくらい伝わってきました。最高の仲間に出会えたことに感謝しています。

引退表明後、あと一本福岡ドームでホームランを打ちたい。いやもう無理かな。そう諦めかけていた中で放った九月三十日、対日本ハム戦での二打席連続ホームラン。野球の神様からのご褒美でした。

最終戦は十月八日（八月二十九日、北九州市民球場の試合の雨天中止分）に入っていましたが、引退を表明した時点では、この九月三十日が福岡ドームでの最終戦の予定でした。引退表明後、この日のチケットを求めるファンが多かったのも聞いていました。そんな中でファンの方々の想いとともに飛んでいった打球、あの放物線は私の野球人生の結晶です。最後の最後にあんなご褒美を用意してくれた、野球の神様に感謝したいと思います。

波瀾万丈の野球人生は、これで終わりではありませんでした。

四十一歳の誕生日には、引退セレモニーと、二〇一二年のペナントレース最終戦が予定されました。

私の引退試合でもあります。引退する選手に対してはだいたいストレート勝負が多くなります。しかもホークスは順位が三位で確定していて、こういう場合、さらにストレート勝負の可能性が高くなるのです。

しかし私は前日、新聞記者に囲まれたときに、「真剣勝負がしたい」と言いました。持ち球、配球すべてを出し尽くした勝負を望むと。相手バッテリーが新聞を読むだろうという計算です。

相手投手はオリックス・バファローズの西勇輝選手（現・阪神タイガース）です。案の定、一打席目から希望通りの真剣勝負です。スタンドは、プラカードや横断幕など、私の引退のムード一色です。

そんな中、気がつくと、ホークスはノーヒットに抑えられています。ひょっとしてと思ったのは七回くらいからでした。

私は小学校一年生から野球を始めて、これまでノーランをやったことも、やられたこともありません。まさか、野球人生最後の公式戦でノーヒットノーランを食らうとは、まさに波瀾万丈の私の人生にぴったりです。

もしかしたら、西投手やオリックスのナインは複雑な気持ちになったかもしれません。しかし、私は真剣勝負を挑んでくれたバッテリーに感謝しています。ノーヒットノーランはさすがに想定外でしたが……。

　私の四十一歳の誕生日は思い出がたくさん詰まっています。あれだけの引退セレモニーをしていただいた、福岡ソフトバンクホークス球団には感謝の気持ちでいっぱいです。また、あれだけのファンの方々から見送られ、つくづく福岡にある球団を選んでよかったと思いました。

　最高のフィナーレをありがとうございました。

2012年10月８日、引退セレモニーでファンの声援に応える。

おわりに

二〇一二年十月十九日。札幌ドームでの北海道日本ハムファイターズ戦が、私の現役最後の試合となりました。

二点差を追う九回表、ツーアウト二塁で迎えた打席です。ホームランが出たら同点の場面にもかかわらず、ファイターズファンから惜しみない拍手をいただきました。「私は、なんて幸せな男だろう」。そう思いながら打席に向かいました。三球目のスライダーを強振しましたが、ショートフライに倒れゲームセット。「最後の打者になるなんて、これも神様の仕業かな」。そう思いながら、ベンチに戻りました。

その後、表彰式が行われ、それが終わるとライトスタンドのホークスファンに、一年間応援していただいたことに対するお礼のあいさつに向かいました。

そして引き揚げようとしたときです。ファイターズの監督、コーチ、選手が私に向かって歩いてきます。稲葉篤紀選手（現・北海道日本ハムファイターズ二軍監督）が花束を持っているのが見えました。「まさか、自分に……」。そのまさかでした。栗山英樹監督（現・北海道日本ハムファイターズチーフ・ベースボール・オフィサー）から、

「お疲れさん。これからも野球界のためにがんばって」と声をかけられ、稲葉選手から花束を受け取ったときには、もう涙が止まりませんでした。

それから両軍による胴上げが始まりました。言葉になりません。声をあげて泣くことしかできませんでした。

満員の札幌ドームのファンからいただいた、小久保コールは一生忘れることはありません。私の人生で一番幸せなひとときでした。

本書を記すにあたり、自分の野球人生をじっくり振り返ったわけですが、あらためて、波瀾万丈だったと思います。度重なるけがに幾度もの手術。しかし、失敗、挫折、苦しみから、たくさんの学びがあったことも事実です。けがやスランプは、自分自身をひと回りもふた回りも、大きく成長させてくれたと言い切れます。

また、原稿を書き進めるにあたり、成績がよいシーズンはそれほど記すことがないことにも気づきました。手帳を引っぱり出してきても、大したことは書き残していません。たしかに、優勝の喜びや、活躍したことは鮮明に記憶に残っています。ただ、何かを伝えたいと感じるほどのできごとではなかったような気がします。

一方、逆境のときは試行錯誤の連続です。打てなかったときに本に出会い、そこから私の世界観や人生観が構築されていきました。先にも説明したように、読書をすることで「人生で起こることは、すべてにおいて、必然、必要、ベストである」という言葉に出会い、大いに助けられました。

人生には、無駄というものは何ひとつないんだ。どう生きるかは、自分の考え方ひとつ。もがき、苦しみながらも、その結論にたどりついた姿こそ、多くの人に知ってもらいたかったのです。

私は野球との出会いのおかげで、ここまで成長することができました。だからこの先は、その大好きな野球に対して恩返しをしていこう思います。

「野球から野球道へ」

これが今後の私の人生における「テーマ」となります。

私はジャイアンツに移籍した二〇〇四年のシーズン途中から、グラウンドに「一礼」するようになりました。グラウンドは道場だという意識から来たものです。道場では必ず、礼に始まり、礼に終わります。入る前は「今日も心技体の鍛錬に励みます。よろしくお願いします」と心の中で唱えます。出るときには「おかげさまで、しっかり鍛錬できました。ありがとうございました」という感謝の心を持ちます。

私は、宇城憲治《うしろけんじ》先生との出会いにより、このことを学びました。

宇城先生とは、株式会社UK実践塾代表取締役、心道流空手道範士八段、全日本剣

道連盟居合道教士七段、宇城塾総本部道場・創心館館長です。武道家でありながら、エレクトロニクス分野の技術者として、ビデオ機器はじめ衛星携帯電話などの電源や数々の新技術に携わり、数多くの特許を取得されています。また、経営者としては一九九七年、加賀コンポーネント株式会社代表取締役に就任し活躍されました。

宇城先生との出会いのおかげで、私は野球に対してより謙虚になれました。


言うまでもなく、ファンがあってのプロ野球です。勝つことが最大の目的なのは間違いありません。また、ファンに喜んでもらえるプレーを目指すのも当然のことです。

そのうえで、野球を通して人間形成に取り組む。小、中、高、大学の選手たちのお手本になることが、プロ野球選手の役目です。野球に対して謙虚でない人間はお手本にはなれないでしょう。技術だけではなく、人間としての資質も見られていることを忘れてはなりません。つまり野球を極めるということ自体が、人生においての道を極めることにつながるのです。

昨年限りで選手を引退した私にとって、「野球」というスポーツの技術だけを極める時期は終わりです。これからは、その野球を「道」としてとらえ、人生を通して、今説明したような人間形成や心の鍛錬を目指していきたいと思っています。

もちろん、座右の銘である、「一瞬に生きる」という言葉を片時も忘れるつもりはありません。目の前のことに全身全霊をかけて取り組みながら、終わりなき野球道を歩んでいきます。

ここまで読んでいただき、ありがとうございました。下手《へた》な文章ですが、気持ちをこめて書きあげました。私の野球人生をわかっていただけたでしょうか。何かしら参考になれば、著者としてこれ以上の喜びはありません。

最後になりますが、帯のコメントを快く引き受けていただいた、北方謙三先生には心から御礼申し上げます。また、野球部上がりの素人にていねいに対応していただいた、小学館の園田健也さんにも心から感謝申し上げます。

二〇一二年十二月　小久保裕紀

文庫版　あとがき

　自叙伝『一瞬に生きる』を刊行してから早いもので十一年が経ちました。私は福岡ソフトバンクホークス監督として初めてのシーズン開幕を間近に控えています。この本を読んでくださった皆さんに、自叙伝刊行後の私の歩みをお伝えしたいと思います。

　現役引退後、NHKプロ野球解説者として新たなスタートを切りましたが、まさかの侍ジャパン代表監督のオファーを受け、その秋に就任いたしました。二〇一五年、国際大会・プレミア12の韓国戦で逆転負けを喫し、私はどん底まで叩き落とされました。「人生に起こることはすべて必然、必要でベストなタイミングで訪れる」という私の人生観が崩れそうになるくらいの大きな出来事でした。それでも、二〇一七年のWBC（ワールド・ベースボール・クラシック）に向けて、気持ちを前向きにして、これ以上できないくらいの準備をすると決意し、WBCに臨みました。結果は準決勝でアメリカに敗れ、世界一を手にすることはできませんでした。しかし、このWBC直前に、何事にも動じない腹が据わった状態になった自分に出会えたことは大きな自信となりました。三年半に及ぶ代表監督としての経験は何ものにも代えられない貴重な財産となっています。

退任後は再びNHKでプロ野球解説者として活動し、その後、二〇二一年に福岡ソフトバンクホークスヘッドコーチとしてユニフォームに袖を通すことになりました。四年連続日本一（当時）を達成しているチームに加わることに多少のプレッシャーを感じましたが、工藤公康監督の下で勝ち続ける理由や仕組みを学べるんだという好奇心の方が強かったように思います。

ところが、実際にチームに加わってみると、違和感を感じることがいくつもありました。まず気になったのは基本となるウォーミングアップです。選手たちは元気はあるのですが、置かれている目印まで走らなかったり、本来はトレーニングコーチの笛の合図でスタートするのですが、それが守られていなかったりと緩みを感じました。また、身体を温めるためにはトップスピードで走ることが必要ですが、それをせずに実技練習に入っていく選手たちを見て、けがが心配になりました。私たちの世代が現役時代に行っていたことがすべて正しいとは思いませんし、新しい考えを取り入れるのは大賛成です。しかし、どんな立場の選手でも、最低限やらなければならないことがあると思います。

違和感を覚えた点はほかにもあります。選手の意見が強すぎると感じました。もちろんプレーするのは選手です。選手ファーストという言葉も理解しています。しかし、勝つために出された指示は忠実にやり切る、どんな場面であっても試合出場の要請があれば従う、これは基本中の基本です。それができていませんでした。そういったところに口を出す私は選手にとっては煩わしい存在だったと思います。

私自身にも反省すべき点があります。ヘッドコーチとしての振る舞いに徹しきれなかったことです。選手は監督が二人いるように感じたようです。選手を迷わせてしまったことに対する悔いがあります。

二〇二二年から二年間は、二軍監督を務めさせていただきました。二軍という組織は勝利が最優先事項ではありません。もちろん試合が始まれば勝つために采配を振りますが、勝利のためにすべてを決断することはありません。選手の育成、教育といったところに重きを置き、選手が成長するために何が必要か、コーチ陣、スタッフ、フロントと意見を出し合い、最終的に私がGOサインを出すという形です。

最初に取り組んだのが独身寮の乱れを改善することでした。ホークスはプロ野球界で一番の大所帯です。寮で生活する人間は常に百名以上います。屋内で使用するサンダルを目の前にある下駄箱に収納せず、個々が廊下に脱ぎっぱなしという状態でした。その百足以上置かれたサンダルをわざわざ動かして、その部分を清掃してくれるスタッフがいます。それを見ても脱ぎっぱなしにしている。何も感じないのかと憤りを感じました。三軍監督にも協力してもらい、一度下駄箱にあるスパイク、シューズ、サンダルを空にして、名札を付けて、一人あたり三足収納できる状態を整えました。廊下に脱ぎっぱなしのサンダルは処分すると伝えたので、今はみんな下駄箱に収納するようになりました。それ以外にも厳しく指導したことはたくさんありますが、文字数の都合上、割愛します。要は、「自分一人くらいいいだろう」という考えを正さないと団体生活は成り立たないということです。清掃してくださる方々、厨房《ちゅうぼう》で料理を作ってくださる方々、グラウンドキーパーに警備員、そういったホークスに携わってくださる人々に心から愛され、応援される選手を育てるのも我々の仕事です。

グラウンドでのルールも改めました。ヘッドコーチ時代にウォーミングアップの緩みを感じていたと先述しましたが、二軍から変えていこうと決意しました。全体のウォーミングアップでは着帽する、置かれた目印から目印まで走り切る、笛とともにスタートする（フライング禁止）。こうしたことを決めて、首脳陣全員で常に注意できる環境を整えました。そのために、我々首脳陣はウォーミングアップ中の個別取材は禁止としました。何のためにそこまでやるのかと問われれば、「勝利の女神は細部に宿る」という考えからです。大きな舞台、大事な試合になればなるほど、最後の最後に勝利するのは、細かい部分の積み重ねができるチームだと信じています。

もうひとつ、チーム練習に際してはユニフォーム着用もルールとしました。Tシャツ、汗だし（汗だしウォームアップジャケット）は禁止。これはブルペンで投手の球を受けるスタッフにも守ってもらいました。組織を運営するにあたり、ルールを明文化するのは基本です。人それぞれ育った環境が違えば、価値観、常識も違います。それをいちいち話し合うのは、時間の無駄です。組織の成長スピードが鈍ることになります。ルールを守ったうえで自由に動き回るのが本当の自由です。ルールに関しては、守るか、その組織から去るか、ルールを変えられる立場まで上がるかの三つしかありません。これは野球界に限ったことではなく、組織人なら当然のことです。ちなみに、侍ジャパン時代のルールは着帽の徹底とつば吐き禁止の二点でした。

監督として気をつけたのが、選手との距離感です。当然ですが、個別に選手と食事に出かけたことは一度もありません。コーチ陣が機能しなくなるからです。監督とよい関係を築けていると選手が思えば、コーチのアドバイスの効果は半減します。コーチに認められていなくても、監督は認めているという構図はほめられたものではありません。それを避けるためにも、選手に対する指示は極力、コーチからやらせました。私がアドバイスするときは、担当コーチを交えるか、その場にコーチがいないときは後で必ず何を伝えたかコーチに話すようにしていました。そうすることにより、指示の一本化につながり、選手の迷いを少なくすることができます。選手を迷わせないということも意識して取り組んだことです。

二軍監督として取り組んだことの一部を伝えさせていただきましたが、勝利が最優先事項ではないことが分かっていただけたかと思います。

いよいよ一軍監督として勝負の世界にどっぷり足を踏み入れることになります。今からは勝つか負けるかしかありません。ここ三年リーグ優勝から遠ざかっていますが、二〇二四年は十分優勝できる戦力だと自負しています。先発陣の整備、レギュラー野手陣の高齢化といった課題はありますが、そのやりくりが監督としての力量です。強いチームを作るのは当然ですが、それに加えて美しさという抽象的な言葉も就任会見で話しました。自分のプレーや言動が多くの人に見られているという意識を持つ。ファンに夢や希望を与えるという使命の前に、ファンが不快だと感じることをしないという視点も必要です。誰からも愛され、憧れられるチームを作る。それに携わるフロント、首脳陣、選手、スタッフ全員がチームを一つの作品と考え行動する。そこには個々が持つ美意識みたいなものが必要になってくるのではないかと思います。

今回の監督就任にあたり、フロントから「王イズム」を継承してほしいと依頼がありました。王貞治監督（現・福岡ソフトバンクホークス取締役会長）が強いチームを作り上げる過程で最も大切にしていたのが、主力選手のあり方でした。若い選手の鑑《かがみ》となって手本を示しなさいと口を酸っぱくしておっしゃっていたのが、今も心に残っています。首脳陣が主力選手に気を遣うようになり、腫れ物に触るような存在にしてしまうとチームは機能しなくなります。若い選手はそういったところに敏感です。チームの主力である、柳田悠岐《やなぎたゆうき》、近藤健介、今宮健太、中村晃、和田毅、有原航平あたりが先頭に立ってチームを引っ張ってくれることを期待しています。

監督就任以来、多くの方々に「おめでとう」という言葉を掛けていただきました。しかし、監督にはなりましたが、まだ何も始まっていません。結果も残していません。この秋に優勝して「おめでとう」と言っていただけるようがんばるだけです。チーム、そして自分に求めるものはトライアル&《アンド》エラーです。最初の失敗をいかに早くできるかがポイントです。チャレンジしてエラーが出れば修正し、またチャレンジする。その繰り返しでしか成長はあり得ません。

小久保裕紀の新たなチャレンジを楽しみにしていてください。

二〇二四年一月　小久保裕紀

小久保裕紀 *Hiroki Kokubo*

1971年10月８日、和歌山県和歌山市生まれ。和歌山県立星林高校から青山学院大学に進学。92年のバルセロナ五輪には、選手中唯一の大学生として参加。93年、青山学院大学史上初の大学野球日本一に主将として貢献。同年秋のドラフトで福岡ダイエーホークスに２位で指名され入団。福岡ダイエーホークスの主力として、99年日本一、2000年リーグ制覇を達成。04年シーズンより読売ジャイアンツに移籍。07年シーズンより福岡ソフトバンクホークスに復帰。主将として10年のリーグ制覇、11年の日本一に貢献した。12年現役引退。13年10月から17年３月まで侍ジャパン代表監督。21年福岡ソフトバンクホークスヘッドコーチ、22〜23年同二軍監督を経て、23年11月より同一軍監督に就任。

年度別成績

年度	所属	試合	打席	打数	得点	安打	二塁打	三塁打	本塁打	塁打	打点	盗塁	盗塁刺	犠打	犠飛	四球	死球	三振	併殺打	打率
1994	福岡ダイエー	78	191	177	18	38	6	0	6	62	20	2	1	4	2	8	0	31	5	.215
1995	福岡ダイエー	130	538	465	72	133	20	9	28	255	76	14	4	5	6	50	12	94	16	.286
1996	福岡ダイエー	126	539	478	73	118	26	3	24	222	82	7	3	0	6	48	7	95	13	.247
1997	福岡ダイエー	135	588	527	88	159	37	3	36	310	114	4	3	0	5	52	4	112	16	.302
1998	福岡ダイエー	17	75	71	7	16	3	1	2	27	11	0	0	0	0	3	1	19	1	.225
1999	福岡ダイエー	130	538	465	60	109	24	2	24	209	77	4	2	3	6	62	2	103	8	.234
2000	福岡ダイエー	125	520	473	87	136	26	3	31	261	105	5	2	0	6	31	10	85	13	.288
2001	福岡ダイエー	138	605	535	108	155	32	1	44	321	123	6	1	0	5	62	3	97	6	.290
2002	福岡ダイエー	136	579	507	89	148	25	0	32	269	89	8	1	0	3	63	6	90	10	.292
2003	福岡ダイエー	けがのため出場なし																		
2004	読売巨人	125	508	462	85	145	24	2	41	296	96	0	0	0	2	42	2	101	6	.314
2005	読売巨人	142	592	524	77	147	25	0	34	274	87	1	1	0	1	62	5	114	11	.281
2006	読売巨人	88	344	308	37	79	5	0	19	141	55	1	0	2	2	31	1	68	6	.256
2007	福岡ソフトバンク	124	514	466	70	129	26	0	25	230	82	2	4	2	2	41	3	103	9	.277
2008	福岡ソフトバンク	106	434	383	45	97	21	0	20	178	56	1	1	0	3	42	6	95	11	.253
2009	福岡ソフトバンク	144	605	533	64	142	27	0	18	223	81	2	2	0	6	50	16	101	13	.266
2010	福岡ソフトバンク	112	469	427	60	119	22	0	15	186	68	1	2	1	3	34	4	69	4	.279
2011	福岡ソフトバンク	98	372	342	31	92	21	0	10	143	48	0	1	0	2	22	6	72	7	.269
2012	福岡ソフトバンク	103	357	331	20	79	11	0	4	102	34	0	0	3	3	20	0	67	6	.239
通算		2057	8368	7474	1091	2041	381	24	413	3709	1304	58	28	20	63	723	88	1516	161	.273

★ 95年の本塁打、97 年の打点の部門はタイトル獲得

★生涯通算成績は、2057 試合出場、打率 .273、413 本塁打、1304 打点、2041 安打

本書のプロフィール

本書は、二〇一三年二月に小社より単行本として発売されたものに一部加筆し、文庫化しました。

小学館文庫

一瞬《いっしゅん》に生《い》きる

著者　小久保裕紀《こくぼひろき》

二〇二四年四月十日　初版第一刷発行

発行人　石川和男
発行所　株式会社 小学館
〒一〇一-八〇〇一
東京都千代田区一ツ橋二-三-一
電話　編集〇三-三二三〇-五一一二
　　　販売〇三-五二八一-三五五五
印刷所　――――大日本印刷株式会社

ISBN978-4-09-407351-5